Reiseführer

Jamaika

von Alexander Jürgens

Intro

Unterwegs

Negril und der Westen – Urlaubsfreuden am Silberstrand, pittoreske Klippenkulisse und Zuckerhäfen

Jamaika Kaleidoskop

Karten und Pläne

Service

Leserforum

Die Meinung unserer Leserinnen und Leser ist wichtig, daher freuen wir uns von Ihnen zu hören. Wenn Ihnen dieser Reiseführer gefällt, wenn Sie Hinweise zu den Inhalten haben – Ergänzungs- und Verbesserungsvorschläge, Tipps und Korrekturen – dann schreiben Sie uns bitte:

Redaktion ADAC Reiseführer
ADAC Verlag GmbH
81365 München
verlag@adac.de
www.adac.de/reisefuehrer

Jamaika Impressionen

Karibisches Juwel in türkisblauem Meer

Xaymaca, Land aus Wald und Wasser, nannten *Arawak-Indianer* (auch Taino genannt), ihre paradiesische Heimat im Karibischen Meer. So klangvoll wie dieser Name, so schön ist diese Insel, ein vielfältiges Naturschauspiel mit dicht begrünten Bergen, sanften Hügeln, majestätischen Flusstälern und blendend weißen Stränden. Und als Glanzpunkte dieser prachtvollen Szenerie plätschern und sprudeln wahre Wunderwerke von Wasserfällen aus dem tropischen Grün ins türkisfarbene Meer, gerahmt von farbenfroher Blütenpracht.

Wie Purpur, Samt und Seide

Jamaika hat alles, was zu einem karibischen Urlaubsparadies gehört, vor allem eine Vielzahl traumhafter Hotels, denen das traditionelle britische Flair einen entwaffnenden Charme verleiht. Vom Luxusresort mit eigenem 18-Loch-Golfplatz über die mit Antiquitäten möblierte Plantagenvilla bis zum hübschen Guesthouse reicht die Palette. Die bedeutendsten Ferienorte sind das mondäne **Montego Bay**, das Nordküstenjuwel **Ocho Rios** mit den berühmten Dunn's River Falls, das Hollywood erprobte **Port Antonio** und das hippe **Negril**. Letzteres ist ein touristischer Tummelplatz mit magischer Anziehungskraft, schließlich wurde hier das lustvolle Nichtstun quasi neu erfunden. Bei Spaziergängen am 11 km langen Strand, bei abendlichen Beach-Konzerten oder in den malerischen Bars auf den Cliffs des West End wird für Besucher aus aller Welt jamaikanische Lebensfreude erlebbar. Diese Mischung aus Reggae-Rhythmus, Rasta-Philosophie und karibischer Partystimmung wird gekrönt durch ein schier unerschöpfliches **Sport- und Freizeitangebot**, welches hier und in den anderen Urlaubszentren der Insel verfügbar ist. Neben Segeln, Tennis und Reiten, Schnorcheln, Tauchen, Paragliding, River Tubing und Mountainbiking gehören zu den Aktivitäten auch Wanderungen durch die

Die jamaikanische Schatzkiste der Natur:
Oben: *Roter Paradiesvogel – ›Bird of Paradise‹ heißt die feinziselierte Blüte*
Rechts: *Weißer Paradiesstrand – während die sanfte Meeresbrise Palmwedel zum Flüstern bringt und über die Segel der Boote streicht, schlendern Strandläufer am Negril Beach in den sonnigen Tag hinein*
Rechts oben: *Grüner Paradiesgarten – das samtig-satte Blätterwerk des Regenwaldes schmückt die beschwingten Hügel bei Morant Bay*

majestätischen **Blue Mountains**, Bootsfahrten zu Krokodilen auf dem **Black River**, Schwimmen mit Delphinen in **Ocho Rios**, Floß-Rafting auf dem **Rio Grande** bei Port Antonio, Exkursionen zum früheren Piratenbabel **Port Royal**, Unterwasserspaziergänge in **Montego Bay**, Canopying im Regenwald, d. h. Erkundung der Baumwipfelwelt an Seilzügen hängend, und Stippvisiten auf einigen der schönsten **Golfplätze** der Welt, z. B. White Witch Golf Club und Half Moon Golf Club in Rose Hall nahe Montego Bay.

Blickpunkte

Jamaika, die nach Kuba und Hispaniola drittgrößte Insel der Karibik (10 990 km^2, 236 km lang, 82 km breit), ähnelt in Umriss

und Profil dem zerfurchten Panzer einer Riesenschildkröte. Im **Osten** erheben sich die üppig bewachsenen Blue Mountains und John Crow Mountains. An den Nordhängen dieser Gebirge erstreckt sich immergrüner tropischer *Regenwald*, im Süden liegen die sorgsam gepflegten Terrassenfelder, auf denen einer der besten und teuersten Kaffees der Welt, der *Blue Mountain Coffee*, angebaut wird. Im **Westen** bei Montego Bay breitet sich die mit Felsnadeln gespickte bizarr-schöne Hügellandschaft des Cockpit Country aus, in dem noch heute Nachfahren der rebellischen Maroons, entlaufener Sklaven, leben. In den **Central Highlands** der Insel bei *Mandeville* schließlich wurden in den 1940er-Jahren dicht unter der Erdoberfläche große Vorkommen von *Bauxit* entdeckt, ein Rohstoff, der zu Aluminium verarbeitet wird. Seit Jahrhunderten schon erntet man auf der Insel Zuckerrohr, im **Südwesten** z. B. wiegen sich

Oben: *Kreatives Fassadendesign verschönt auch die kleinste Hütte – Straßenkunst in der Nähe von Ocho Rios*
Unten: *Alle Mann an Bord und Leinen los – Vorbereitungen zur Bambusfloßfahrt auf dem malerischen Martha Brae River*
Rechts oben: *Indeed, it's quiet british – ein Stück London des 18. Jh. entstand in der früheren Kapitale Spanish Town*
Rechts Mitte: *Star Wars – ein Musikwettstreit der Dancehall-Stars, hier Buju Banton, ist das Reggae Sumfest in Montego Bay*

noch heute die Pflanzen zu Tausenden im Wind. Sie sind Lieferanten des köstlichen *Jamaica Rum*, der pur oder als fruchtiger Cocktail genossen, die paradiesischen Zustände zusätzlich versüßt. Hier begegnet man auch dem ländlichen, vom Tourismus wenig berührten Jamaika, und selbst kleine Urlaubsorte wie **Treasure Beach** strahlen eine entspannte Atmosphäre aus.

Im Südosten, am Fuße der Blauen Berge, liegt **Kingston**, die quirlige Hauptstadt. Vor allem die blutigen Wahlkämpfe der 1970/80er-Jahre, ausgetragen von den beiden Parteien JLP und PNP, haben der Metropole einen schlechten Ruf eingetragen, und bis heute sind viele Viertel von Gewalt und Kriminalität gezeichnet. Zugleich ist Kingston aber Zentrum des politischen, wirtschaftlichen und kulturellen Lebens, es gibt Parks und Museen, lebhafte Märkte und ein modernes Geschäftsviertel. Hier, wie auch im benachbarten **Spanish Town**, sind außerdem eine Reihe sehenswerter Kirchen und Kolonialbauten erhalten.

Out of Many, One People

Auch wenn Jamaika, nicht zuletzt dank des Tourismus, zu den besser gestellten Karibikstaaten gehört und sich inzwischen ein recht gut situierter Mittelstand etabliert hat, herrscht immer noch ein krasses Wohlstandsgefälle. Viele Löhne liegen weit unter dem Existenzminimum und stehen im Widerspruch zu den hohen Lebenshaltungskosten. Nicht weit von hübschen Villen und Luxushotels leben viele Familien in winzigen Hütten, in den Ghettos von Kingston und MoBay regieren Armut und Hoffnungslosigkeit. Überleben kann nur, wer sich etwas dazu verdient. Obst- und Souvenirstände, Bars und Shops am Straßenrand bringen Nebenverdienst ebenso wie allerlei Geschäftchen mit den Touristen. Manchen dieser ›Freiberufler‹ ist eine gewisse Schläue und Aufdringlichkeit eigen, denen sich der Reisende am besten mit klaren, höflichen Worten entzieht.

Trotz aller Alltagssorgen sind die meisten Jamaikaner ausgesprochen lebenslustig, zugleich liebenswürdig und stolz. Sie erzählen und diskutieren für ihr Leben gern und setzten sich wie Schauspieler in Szene. Dabei spielen Sprache und Wortwitz eine große Rolle. **Patois**, die auf dem britischen Englisch basierende Umgangssprache, gehört daher zu den lebendigsten Idiomen der Karibik.

Das Motto des jamaikanischen Wappens, ›Out of Many, One People‹, erinnert

Flüsse oder Buchten nichts mehr. Die aus dem heutigen Venezuela stammenden **Arawak-Indianer**, die um 600 als erste auf der Insel siedelten, wurden während der spanischen Kolonialherrschaft Opfer unmenschlicher Arbeitsbedingungen und eingeschleppter Krankheiten. Von ihnen sind ebenfalls nur wenige historische Zeugnisse überliefert.

Britische Traditionen hingegen sind heute noch allgegenwärtig, obgleich nur wenige tausend Jamaikaner europäischer Abstammung auf der Karibikinsel leben. Die drei Verwaltungsbezirke und 14 Kreise, die **Parishes**, folgen der früheren kolonialen Einteilung. Erhalten sind daran, dass dieses Volk aus vielen anderen hervorgegangen ist. Die Vorfahren von 91% der über 2,7 Mio. Jamaikaner stammen aus **Afrika**. Sie waren einst von den Engländern als Sklaven gekauft worden, um die riesigen Felder der Zuckerrohrplantagen zu bestellen. In vielen Orten erinnern Denkmäler an die Zeit der **Sklaverei**, an gescheiterte Aufstände der Unterdrückten. Als nach Aufhebung der Sklaverei 1838 Mangel an Arbeitskräften herrschte, warben die Engländer *Vertragsarbeiter* aus Indien, China, von der Arabischen Halbinsel und sogar aus Deutschland an. Deren Nachfahren machen heute knapp 5% der Bevölkerung aus. Von den **Spaniern** allerdings, die mit Christoph Kolumbus 1494 erstmals den Fuß auf die Insel setzten und 1655 von den Engländern vertrieben wurden, zeugt außer einigen Namen für Orte,

Oben: *Zuckerhütte – Werbepause für Zuckerrohr, Melone und Kokosnuss*

Mitte: *Zuckerpuppen – Rio ist keine Konkurrenz für den Carnival von Kingston*

Unten: *Zuckerpower – im Gemischtwarenladen werden Modetrends analysiert*

Rechts oben: *Heile-Heile-Segen – das Wasser an MoBays Doctor's Cave Beach macht müde Männer munter*

Rechts Mitte: *Schöner durch Rüschen – kleine Kirchgänger in Sonntagskleidern*

auch viele repräsentative **Great Houses** der britischen Plantagenbesitzer, einige als exklusive Herbergen, andere als Museen hergerichtet. Aus einem englischen Geschichtsbuch könnten die makellosen Uniformen der *Polizisten* mit dem breiten roten Streifen an der Hosennaht stammen. Die Kinder tragen traditionelle englischen *Schuluniformen*, an denen Eingeweihte Jahrgang und Schultyp erkennen können. Auf gepflegten Rasenplätzen spielen weiß gekleidete Jamaikaner die britischste aller Sportarten, *Cricket*. Das augenfälligste Erbe der britischen Kolonialzeit ist jedoch der **Linksverkehr** auf den Straßen, der nur die Urlauber aus dem Vereinigten Königreich nicht aus der Ruhe bringt.

Roots, Rock, Reggae

Das afrikanische Erbe Jamaikas, ethnische Einflüsse der anderen Einwanderer und die Glaubensbewegung der **Rastafari**, die einen schwarzen Messias verehren, haben einen Nährboden geschaffen, auf dem sich ein ungewöhnlich vielseitiges kulturelles Leben entfaltet. Galerien und Museen stellen Werke renommierter jamaikanischer Maler und Bildhauer aus, und Kingston ist stolz auf seine kreative Theaterszene. Doch keine Kunstform reicht in ihrer Bedeutung an die **Musik** heran, die in ihren verschiedenen Stilrichtungen und Tanzvariationen das Alltagsleben beherrscht. Man hört sie überall, im Taxi oder Bus, in der Bank oder auf dem Markt. Neben dem weltberühmten **Reggae** ertönen vor allem zum Carnival auch Soca, Calypso und traditionelle Mento-Melodien. In den Discos und bei Straßenpartys wummert **Dancehall** Reggae aus mächtigen *Sound Systems*. Und die DJs genannten Rapper skandieren zu den Rhythmen ihre frechen, kritischen Verse. Während der erste Reggae-Megastar **Bob Marley** heute fast wie ein Heiliger verehrt wird, feiern die Sänger und DJs des 21. Jh. weltweit Erfolge. Stars wie Bounty Killer, Elephant Man, Sean Paul, Sizzla, Beenie Man, Capleton, Lady Saw, und Tanya Stephens besingen Jamaika, so wie es heute ist, wortgewandt und mit großer Liebe für das ›Likkle Island‹, an das auch schon so mancher Reisende sein Herz für immer verloren hat.

Der Reiseführer

Dieser Band stellt Jamaika in *sechs Kapiteln* vor. Auf die Highlights bei Sehenswürdigkeiten, Hotels oder Restaurants verweisen die **Top Tipps**. Detaillierte **Übersichtskarten** und **Stadtpläne** erleichtern die Orientierung. Den Besichtigungspunkten sind jeweils **Praktische Hinweise** mit Tourismusbüros, Hotels, Restaurants etc. angegliedert. **Jamaika aktuell A bis Z** hält eine Fülle von Informationen für den Aufenthalt bereit, zu Anreise, Essen und Trinken, Feste und Feiern, Sport etc. Hinzu kommt ein praktischer **Sprachführer**. Interssante Themen präsentiert die Kurzessays des **Kaleidoskops**.

Geschichte, Kunst, Kultur im Überblick

Von Indianern und Sklaven, Piraten und Politikern, Rebellen, Rum und Reggae

um 600 Jamaika, die drittgrößte Antilleninsel, wird wie die gesamte karibische Inselkette von Arawak-Indianern (auch Taino genannt) besiedelt. Das ursprünglich aus dem Gebiet des Orinoco-Delta (Venezuela) stammende Volk prägt auch den Namen seiner neuen Heimat, Xaymaca, ›Land aus Wald und Wasser‹.

1494 Auf seiner zweiten Fahrt entdeckt Christoph Kolumbus Jamaika und geht am 5. Mai an der Nordküste beim heutigen Ort St. Ann's Bay an Land. Er erklärt die Insel zum Eigentum der spanischen Krone.

1503 Gegen Ende der vierten Reise läuft Kolumbus' Schiff in der St. Ann's Bay auf Grund. Die Besatzung verbringt unfreiwillig ein Jahr auf der Insel.

1509 Spanische Siedler unter Führung von Diego Kolumbus, dem Sohn des Entdeckers, gründen den Ort Sevilla la Nueva (bei St. Ann's Bay).

1517 Die ersten afrikanischen Sklaven treffen ein. Sie ersetzen die von Entbehrungen und Krankheiten dahingerafften Arawak als Arbeitskräfte auf den spanischen Zuckerrohrplantagen. Jamaikas Bedeutung als Kolonie wird gering eingeschätzt, nachdem weder Gold noch andere Bodenschätze gefunden werden. Die Insel dient als Warenumschlagplatz und Versorgungsstation für Schiffe.

1534 Da sich die Lage von Sevilla la Nueva an der Nordküste als unvorteilhaft erweist, errichten die Spanier an der Südküste eine neue Hauptstadt, Villa de la Vega.

ab 1655 Im Auftrag des Lordprotektor Oliver Cromwell erobert die britische Flotte unter Leitung von Admiral William Penn und General Robert Venables Jamaika. Nach der Niederlage in der Schlacht bei Rio Nuevo (1658) verlassen 1660 die letzten spanischen Truppen von Runaway Bay aus die Insel in Richtung Kuba. Auf dem Gebiet der zerstörten Hauptstadt Villa de la Vega errichten die Engländer ihre Kapitale mit Namen Spanish

Mit allen Wassern gewaschen: Pirat Henry Morgan wird 1674 Gouverneur von Jamaika

Town. Die Sklaven der Spanier flüchten ins Landesinnere und führen dort als ›Maroons‹ (von span. cimarrón = wild) ein Dasein im ständigen Guerillakampf gegen die neuen Inselherren.

1670 Im ›Vertrag von Madrid‹ erhält Großbritannien Jamaika endgültig zugesprochen. Zu dieser Zeit machen Privateers oder Buccaneers genannte Freibeuter Port Royal an der Südküste zu ihrem Hauptquartier. Ausgestattet mit Freibriefen der englischen Krone schützen sie die Insel vor Übergriffen und jagen spanische Galeonen, die mit Edelmetallen aus den amerikanischen Kolonien beladen auf Heimatkurs segeln.

1674 Der Waliser Henry Morgan (1635–1688), einst der am meisten gefürchtete Freibeuter der Karibik, wird vom britischen König zum Ritter geschlagen und als Gouverneur von Jamaika eingesetzt. Die Freibeuterei wird verboten. Morgan erweist sich als effektiver Vollstrecker britischer Politik.

1690 Versuche der britischen Truppen, entlaufene Sklaven bei den Maroons zu finden, lösen den Ersten Maroon-Krieg aus, eine Auseinandersetzung, die beinahe 50 Jahre andauert.

1692 Am 7. Juni erschüttert ein gewaltiges Erdbeben Port Royal, den sagenhaft reichen Piratenhafen und britischen Flottenstützpunkt. Große Teile der Stadt werden zerstört, die Hälfte des Areals versinkt im Meer und 3000 Einwohner kommen um. Überlebende gründen an der Landseite der Bucht den Ort Kingston.

18. Jh. Jamaika entwickelt sich zur wichtigsten Zuckerkolonie im britischen Empire. Zu Beginn des Jahrhunderts sind 80 % der Bevölkerung (von 47 000) Sklaven. Da deren Lebenserwartung wegen der harten Feldarbeit sehr niedrig ist, bleibt die Nachfrage nach Zwangsarbeitern immens. Zwischen 1700 und 1810 werden 600 000 Sklaven nach Jamaika importiert und die Insel avanciert zum bedeutendsten Sklavenmarkt der Karibik. – Piraten machen weiterhin das Karibische Meer unsicher und plündern europäi-

Kampf der Schwarzen um soziale Gerechtigkeit – die ›Morant Bay Rebellion‹ (1865) ▷

sche Schiffe. Auf Jamaika berühmt-berüchtigt sind z. B. der von den Briten gejagte Edward Teach, genannt Blackbeard († 1718), und Calico Jack Rackham, der 1720 in Bloody Bay (Negril) gefasst und anschließend hingerichtet wird.

1739 Ein Friedensabkommen zwischen der britischen Kolonialmacht und den Maroons unter Leitung von Cudjoe sichert diesen Freiheit, Land sowie Recht auf Selbstverwaltung zu und beendet damit den Ersten Maroon-Krieg.

1760 Ein nach dem Anführer ›Tacky's Rebellion‹ genannter Sklavenaufstand erfasst die Insel und wird erst nach fünf Monaten niedergeschlagen. 60 Weiße und mehr als 1000 Sklaven finden den Tod.

1782 Während des nordamerikanischen Unabhängigkeitskrieges gegen Großbritannien 1755–81 gelingt es den Franzosen und Spaniern, die britische Position in der Karibik zu schwächen und einige ihrer Inseln zu besetzen. Im April 1782 planen die Verbündeten, Jamaika zu erobern, doch dann kommt es bei den Îles des Saintes südlich von Guadeloupe zur ›Battle of the Saints‹. Die britische Flotte unter Admiral George Rodney erringt einen entscheidenden Sieg über die französische Flotte unter Admiral Comte de Grasse.

1789/1793 Captain William Bligh segelt im Auftrag der englischen Krone 1789 erstmals nach Tahiti, um dort Setzlinge des Brotfruchtbaumes für die Karibik zu laden. Nach der Meuterei auf der ›Bounty‹ im Südpazifik gelingt es Bligh sich zu retten, und er unternimmt 1793 eine zweite, diesmal erfolgreiche Expedition. Die ertragreiche, nahrhafte Brotfrucht dient fortan als preiswertes Nahrungsmittel für jamaikanische Sklaven.

1795 Nach der öffentlichen Auspeitschung zweier des Diebstahls verdächtigter Maroons in Falmouth bricht der Zweite Maroon-Krieg aus. Die Engländer setzen Bluthunde zur Menschjagd ein, und die Maroons kapitulieren nach fünf Monaten. Entgegen der Friedensvereinbarungen werden 600 Maroons nach Sierra Leone in Afrika deportiert.

1807 Als Folge der Französischen Revolution (1789) bilden sich auch auf den karibischen Inseln starke Freiheitsbewegungen heraus. Unter dem Druck der Antisklaverei-Aktivisten im Mutterland und aufgrund der Bedrohung durch die unterdrückten Massen in den Kolonien wird in Großbritannien zunächst der Sklavenhandel untersagt.

1814 Die jamaikanische Zuckerindustrie erreicht mit 34 Mio. Pfund Jahresproduktion ihren Höhepunkt.

1831 Die ›Christmas Rebellion‹, ein Aufstand von mehr als 20 000 Sklaven, breitet sich von Montego Bay rasch über die ganze Insel aus. Nur durch die Lüge, die Sklaverei sei gerade abgeschafft worden, bringt man die Schwarzen zum Einlenken. Tausende werden anschließend gnadenlos niedergemetzelt. Ihr Anführer, der Prediger Sam Sharpe, wird 1832 auf dem heute nach ihm benannten Hauptplatz von Montego Bay gehängt.

1838 Nach einer Übergangszeit von vier Jahren wird die Sklaverei im britischen Empire endgültig abgeschafft. Viele Zuckerrohrplantagen auf Jamaika geraten auch aufgrund einer Exportflaute in eine Existenzkrise. Die Briten werben in anderen Kolonien Landarbeiter an. 40 000 Inder und Chinesen sowie 1200 Deutsche aus den Hannoverschen Landen des englischen Königshauses treffen auf der Insel ein.

1865 Soziale Not und die Diskriminierung schwarzer Landarbeiter lösen die ›Morant Bay Rebellion‹ aus. Die Kolonialregierung unter Gouverneur Edward Eyre schlägt nach dem Tod 18 Weißer erbarmungslos zu. Mehr als 400 Schwarze werden getötet, unter ihnen auch Paul Bogle, der Anführer der Bewegung, sowie der Mulatte George William Gordon, der mit der Forderung der Schwarzen nach Land und fairer Behandlung sympathisiert.

1866 In Folge der inneren Unruhen wird Jamaika als Kronkolonie direkt der Kon-

trolle des Londoner Parlaments unterstellt.
1870 Der US-amerikanische Handelskapitän Lorenzo Dow Baker verkauft mit großem Profit eine Ladung Bananen aus Port Antonio im heimatlichen Boston und begründet damit die Bananenproduktion auf Jamaika.
1872 Kingston löst Spanish Town als Hauptstadt ab.
1879 Das Institute of Jamaica wird in Kingston gegründet. Als wichtigste kulturelle Institution der Insel betreut es noch heute u.a. die Bibliotheken und Museen.
1881 George Stiebel, der als erster schwarzer Millionär Jamaikas sein Glück mit Goldfunden in Venezuela gemacht hat, lässt die prachtvolle Stadtvilla Devon House (heute Museum) in Kingston errichten.
1907 Ein schweres Erdbeben zerstört große Teile Kingstons, 800 Menschen sterben.
1918–20 Marcus Mosiah Garvey (1887–1940) aus St. Ann's Bay gründet in New York die UNIA, die United Negroe Improvement Association, zur wirtschaftlichen und politischen Förderung der Schwarzen. Er gilt auch als Begründer der Back-to-Africa-Bewegung.
1927/28 Der jamaikanische Bananenexport durch die United Fruit Company erreicht seinen Höhepunkt. Als Bananendampfer-Passagiere kommen ab 1928 die ersten Urlauber aus den USA nach Port Antonio.
ab 1930 Die ersten Rastafari-Gruppen bilden sich in Kingston. Sie verehren Kaiser Haile Selassie von Äthiopien als den von Garvey prophezeiten schwarzen Messias [s. S. 104].
1938 Wirtschaftskrisen, Arbeitslosigkeit und Armut lösen schwere soziale Unruhen aus. Der Arbeiterführer Alexander Bustamante (1884–1977) gründet die erste Gewerkschaft. Die erste politische Partei, People's National Party (PNP), wird von Norman Washington Manley (1893–1969) aus der Taufe gehoben.
1942 Im St. Ann Parish wird Bauxit, Grundstoff der Aluminium Produktion, gefunden. Anfang der 1950er-Jahre beginnt der industrielle Abbau des Rohstoffs.
1944 Die Insel erhält eine neue Verfassung. Bei den ersten Wahlen gewinnt die von Bustamante im Jahr zuvor gegründete Jamaica Labour Party (JLP).
1955 Jamaika wird innere Selbstverwaltung zugestanden, bei den Wahlen kommt erstmals die People's National Party unter Norman Manley an die Macht.
1958–61 Die Briten schließen eine Reihe ihrer karibischen Inseln zur West Indies Federation zusammen. Dieser Staatenbund ist auf Jamaika nicht populär, da man die eigenen wirtschaftlichen und politischen Interessen stärker gewahrt sehen möchte. In einem Referendum entscheidet sich die Bevölkerung 1961 für den Austritt Jamaikas aus der Föderation. Bald darauf löst sie sich auf.
1962 Am 6. August erhält Jamaika die Unabhängigkeit und wird ein Staat im British Commonwealth of Nations. Staatsoberhaupt ist die britische Königin, vertreten durch einen Generalgouverneur. Die politische Macht geht von einem alle fünf Jahre gewählten Parlament aus. Erster Premierminister wird Alexander Bustamante (JLP).
1972–80 Michael Manley (1924–1997), Sohn von Norman Manley und Anführer der PNP, regiert die Insel. Im Rahmen seiner Politik des demokratischen Sozialismus werden Schlüsselbetriebe verstaatlicht und eine Landreform regelt die Vergabe von Ackerboden an Kleinbauern. Die Beziehungen zum sozialistischen Kuba werden intensiviert. Reiche Jamaikaner verlassen das Land, internationales Kapital zieht

Moderne Zeiten – per Straßenbahn fahren Kingstonians um 1900 durch die Orange Street im Zentrum der Hauptstadt

Messias der Rastafari – Kaiser Haile Selassie von Äthiopien (um 1930)

Alexander Bustamante wird 1962 erster Premierminister Jamaikas

Michael Manley während seiner ersten Amtszeit als Premier (um 1975)

Der Reggae-Sänger Jimmy Cliff landet 1973 seine erste Filmrolle

sich zurück, die Weltbank sowie die USA verschärfen ihren Kurs gegenüber Jamaika. Die Wirtschaft gerät ins Straucheln, die innenpolitischen Auseinandersetzungen sind zunehmend von Gewalt geprägt.

1973 Der Film ›The Harder They Come‹, der mit dem Sänger Jimmy Cliff in der Hauptrolle das Ghettoleben in Kingston schildert, macht Reggae-Musik international populär. – Bob Marley und seine Gruppe ›The Wailers‹ erringen weltweit Spitzenplätze in den Hitparaden.

1976 Bob Marley entgeht vor seinem Auftritt bei einem von der PNP organisierten Konzert knapp einem Mordanschlag.

1980 Nach einem von blutigen Auseinandersetzungen geprägten Wahlkampf trägt die JLP unter Edward Seaga den Sieg davon und führt das Land mit Unterstützung durch die USA auf einen prowestlichen Kurs zurück. – Der Hurrikan Allen fegt über die Insel und zerstört einen Teil der Ernte.

1981 Reggae-Superstar Bob Marley (* 1945) stirbt in Miami an Krebs. Er wird von Millionen weltweit betrauert und findet in seinem Geburtsort Nine Mile im Parish St. Ann seine letzte Ruhe (heute Bob Marley Centre & Mausoleum).

1987 Der Reggae-Sänger Peter Tosh, einst Mitglied der ›Wailers‹, wird in Kingston ermordet.

1988 Der Hurrikan Gilbert trifft Jamaika und verursacht gewaltige Schäden, ein Viertel der Bevölkerung wird obdachlos.

1989 Nach seinem Wahlsieg kehrt Michael Manley (PNP) mit einem sozialdemokratischen Programm ins Amt zurück

1992 Manley übergibt sein Amt aus gesundheitlichen Gründen an Percival J. Patterson. Er ist der erste schwarze Premierminister Jamaikas. – In Montego Bay wird das Naturschutzgebiet ›Marine Park‹ eingeweiht.

1997 Ex-Premier Michael Manley stirbt 72-jährig und wird unter großer internationaler Anteilnahme im National Heroes Park von Kingston beigesetzt.

1998 Die ›Reggae Boyz‹ genannte, kurz zuvor gegründete Nationalmannschaft von Jamaika nimmt an der Fußballweltmeisterschaft in Frankreich teil.

2002 Eröffnung des neuen Jachthafens von Port Antonio.

2004 Im Mai stirbt der Musikproduzent Sir Coxone Clement Dodd, Gründer des Labels Studio One, der die Entwicklung des Reggae und u. a. die Karriere von Bob Marley maßgeblich beeinflusste. – Der Hurrikan Ivan, einer der verheerendsten Stürme der Geschichte, trifft am 10. September auf Jamaika und richtet vor allem an der Südküste große Schäden an.

2005 Der jamaikanische Sprinter Asafa Powell bricht im Juni beim Athener IAAF Super Grand Prix den Weltrekord über 100 m und wird mit 9,77 Sek. der schnellste Mann der Welt.

2006 Bei den Wahlen im Februar erhält Jamaika mit Portia Simpson Miller (PNP) zum ersten Mal eine Premierministerin. Die frühere Tourismus- und Arbeitsministerin übernimmt das Amt von P. J. Patterson, der seit 1992 regierte. – Die Poetin, Schauspielerin und Komödiantin Louise Bennet-Coverly (›Miss Lou‹) stirbt im Alter von 86 Jahren. Sie hatte Patois in der Literatur, auf der Bühne und im TV salonfähig gemacht.

2007 Vom 11. März bis 24. April ist Jamaika mit Stadien in Kingston und Trelawny einer der Austagungsorte des in der Karibik stattfindenden ICC Cricket World Cup.

Redemption Song – Bob Marley beim Open-Air-Konzert in München 1980

Tropentraum – das bildschöne Port Antonio bezaubert mit reicher Vegetation und türkisfarbenem Meer

Unterwegs

Montego Bay und der Nordwesten – süßes Leben an Stränden und in Plantagenpalästen

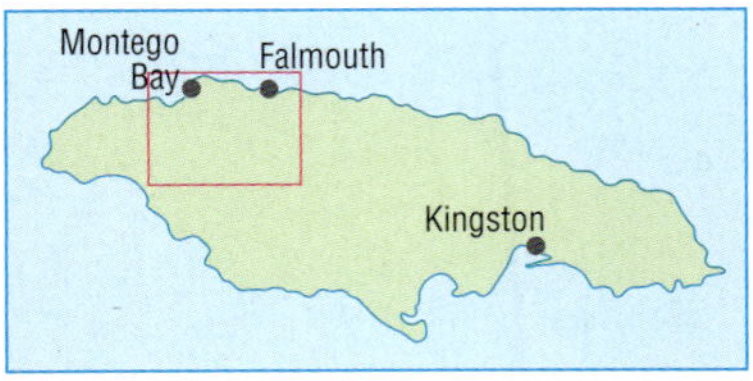

Das Juwel unter den Touristenzentren Jamaikas und zugleich seine zweitgrößte Stadt ist **Montego Bay**, kurz MoBay genannt. Die dazugehörige Bay, eine weit geschwungene Bucht im Nordwesten der Insel, wird gesäumt von goldenen Sandstränden und einigen der *exklusivsten Hotelanlagen* der Karibik. Doch auch preisgünstigere Herbergen gibt es, vor allem im quirligen Zentrum. Die Zeit vertreiben sich die Besucher auf traumhaften Golfplätzen, beim Reiten, Hochseefischen, Tauchen, Tennis und Segeln. Abends, wenn die heißgeliebte Sonne im Meer versunken ist, erwacht die *Gloucester Avenue*, der ›Hip Strip‹ des Seebades, zu neuem Leben, während Reggae Music aus Bars und Discos ertönt.

Das von tropengrünen Hügeln gerahmte *Umland* von Montego Bay gehörte während der britischen Kolonialzeit zu den wichtigsten Anbaugebieten für Zuckerrohr. Einige der schönsten **Great Houses** genannten Herrenhäuser sind erhalten, das bekannteste unter ihnen ist *Rose Hall*. Plantagen wie Barnett Estate und Good Hope Plantation werden heute z. T. noch bewirtschaftet und können besichtigt werden. Unweit von **Falmouth** mit seiner georgianischen Architektur lädt der Fluss *Martha Brae* zu einer Bambusfloßfahrt ein. Etwas weiter südlich liegt die wilde, geheimnisvolle Karstlandschaft des **Cockpit Country**. Hier, in Dörfern wie *Accompong*, leben die Nachfahren der Maroons, die als entlaufene Sklaven den Engländern jahrzehntelang Widerstand leisteten.

1 Montego Bay *Plan Seite 20*

Wo jamaikanisches Leben brodelt und charmante Hotels ihre Gäste verwöhnen.

Von ihrer halbmondförmigen Bucht aus zieht sich die durch moderne Bauten geprägte Stadt Montego Bay hinauf in die üppig begrünten Hügel. Zwei Herzstücke bestimmen das Ambiente, die vom Alltagsleben geprägte *Downtown* im Süden und die vielgestaltige *Hotelzone*, die sich nach Norden zunächst an den Stadtstränden ausbreitet, belebt durch Bars, Restaurants und Geschäfte, sich aber auch am Flughafen vorbei entlang der Nordküste kilometerweit fortsetzt.

Von der Schmalzbucht zum Ferienparadies

Christoph Kolumbus, der auf seiner zweiten Reise 1494 Jamaika entdeckte, nannte die Bucht *Golfo de Buen Tiempo*, Bucht des guten Wetters. Später züchteten hier spanische Siedler Schweine, deren Speckseiten und Schmalz (span. manteca) sie Schiffen auf Europakurs als Proviant verkauften. Erstmals 1655 ist am umgetauften *Golfo de Manteca* ein Ort bezeugt. Nach der Eroberung durch die Briten im selben Jahr wurde daraus Manteca Bay und schließlich Montego Bay, aus dem Handel mit Schweinespeck im 18. Jh. das lukrative Geschäft mit *Zucker*. Das Hinterland des geschäftigen **Hafens** gehörte zu den großen Zuckerschüsseln Jamaikas. Und auch heute noch verarbeiten Zuckerfabriken und *Rumdestillen* die süße Ernte zu begehrten Produkten. Aus der Blütezeit sind in der Stadt selbst nur noch wenige historische Gebäude erhalten geblieben.

Ab Mitte des 19. Jh. trat der *Bananenexport* die Nachfolge des süßen Goldes an. Ende der 80er-Jahre des 19. Jh. kamen dann die ersten Briten und Amerikaner an die Bay. Angezogen wurden sie von

Bilder einer Großstadt – auf dem Sam Sharpe Square im Herzen von MoBay kreuzen sich vor dem weißen Springbrunnen die Wege zweier schwarzer Männer

den hoch gepriesenen Heilkräften des Quellwassers am heutigen *Doctor's Cave Beach*, wo Dr. Alexander G. McCatty ein *Sanatorium* eingerichtet hatte. Bald darauf öffnete das erste Hotel, das Casa Blanca, seine Pforten. Deutlich gefördert wurde die Entwicklung durch den Bau des Flughafens im Zweiten Weltkrieg, in den 1960er-Jahren schließlich trieb MoBays Karriere als **Touristenhochburg** Jamaikas auch durch die Eröffnung des neuen Montego Bay Freeport mit Cruise Ship Terminal immer größere Blüten. Die anderen, bedeutend jüngeren Touristenzentren der Insel haben der großen Dame ihren Rang nicht streitig machen können, und so tummelt sich heute ein Großteil der 1,7 Mio. Besucher, die jährlich nach Jamaika kommen, an den hübschen Stränden der Bucht.

Downtown – von Helden und Hexen, Kunst und Körben

Montego Bay, die nach der Hauptstadt Kingston zweitgrößte Stadt (96 000, mit Großraum etwa 200 000 Einw.) und Zentrum des *Parish St. James* wird häufig schlicht als ›Second City‹ bezeichnet. Fast alle Ferienjets aus Nordamerika und Europa landen auf dem **Donald Sangster International Airport** im Norden, nicht viel mehr als einen Kokosnusswurf entfernt von einigen der schönsten Strände der Insel. Nun ist Montego Bay aber nicht nur das *Complete Resort*, die totale Urlaubsmetropole, mit 40 % aller Gästezimmer auf Jamaika, sondern ebenfalls eine geschäftige Stadt, deren in den Hügeln gelegene Ghettos im krassen Gegensatz zur Luxuskulisse stehen.

Das Herz von Downtown schlägt an dem mit einem Springbrunnen geschmückten **Sam Sharpe Square** ❶, benannt nach dem Sklaven und Baptistenprediger *Sam ›Daddy‹ Sharpe*, den die Briten als Initiator der ›Christmas Rebellion‹ (1831) zusammen mit zahlreichen anderen Aufständischen im Jahr 1832 an diesem Platz aufhängten. Sharpe gilt heute als einer der Nationalhelden Jamaikas. Das mehrfigurige Bronzedenkmal **The Sharpe Monument** (1984) des jamaikanischen Bildhauers Kay Sullivan zeigt ihn neben *Paul Bogle*, einem Anführer schwarzer Kleinbauern, der nach Unruhen in Morant Bay 1865 exekutiert wurde. Ein kleines, 1806 aus Ziegelsteinen errichtetes Gebäude im Nordwesten des Platzes trägt den Namen **The Cage** ❷. In der Arrestzelle wurden von den Plantagen fortgelaufene Sklaven festgehalten, bis sie von ihren Besitzern abgeholt wurden. Die Glocke des ›Käfigs‹ läutete jeden Sonntag um 14 Uhr, um Sklaven mit Freigang an den Beginn der Ausgangssperre (15 Uhr) zu erinnern. Das 1968 abgebrannte *Court-*

house südlich des Cage wurde inzwischen rekonstruiert und beheimatet seit 2001 das **Montego Bay Civic Centre** 3 (Tel. 876-952-55 00, Di–Fr 9–17, Sa 10–15, So 12–17 Uhr) mit Theater, Kunstgalerie, Stadthalle und dem stadtgeschichtlichen *Museum of Montego Bay*.

An der Ecke von Union Street und Orange Street fällt das **Georgian House** 4 aus dem 18. Jh. ins Auge. Durch die Orange Street gelangt man zur Church Street. Hier steht das **Town House** 5 (1765). Die rotbraunen Ziegelsteinen für die Stadtvilla des reichen Kaufmanns David Morgan kamen aus England. Sie dienten auf den Zuckerschiffen als Ballast. Das Gebäude fungierte später als Pfarrhaus, dann als Refugium für die Mätresse des Earl von Hereford, als Freimaurerloge und als Synagoge.

Dem Town House gegenüber steht die 1775–82 erbaute **St. James Parish Church** 6. Sie wurde 1957 durch ein Erdbeben stark beschädigt und in den Folgejahren wieder hergestellt. Die *Austattung*, das geschnitzte Kirchengestühl und Geländer, ein farbiges Glasfenster mit Kreuzigungsszene sowie einige Erinnerungs-

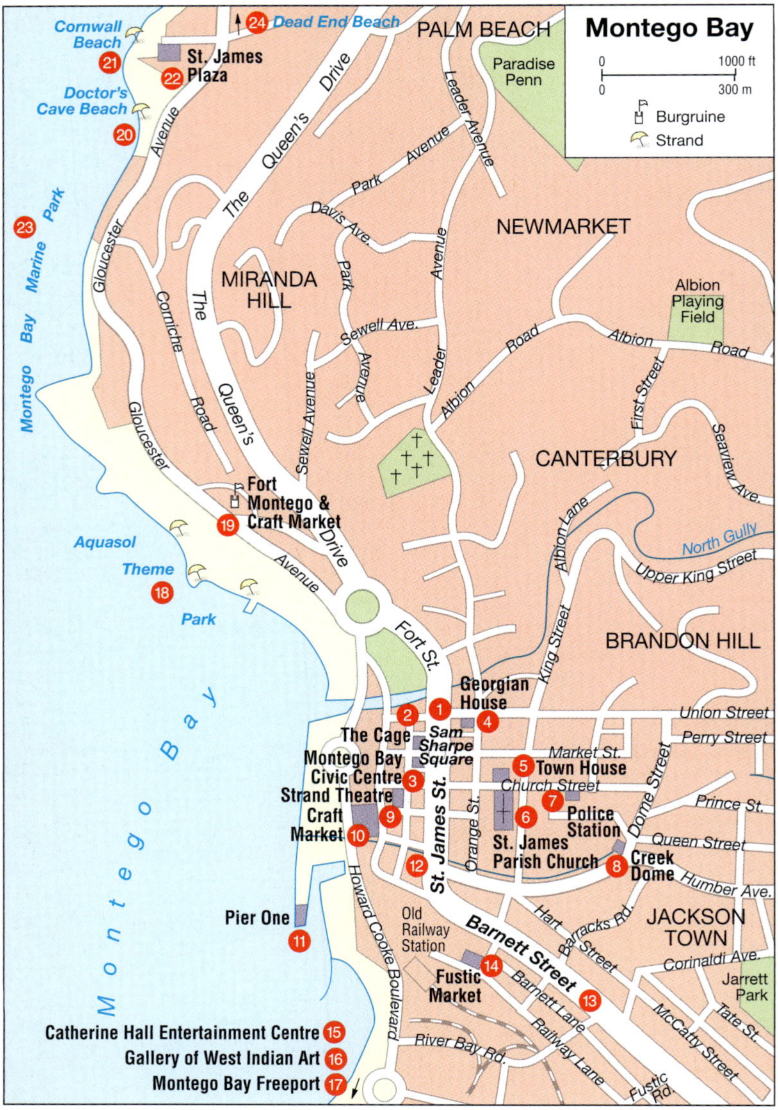

Kettenreaktion – das Denkmal für die Nationalhelden Sam Sharpe und Paul Bogle vor dem Sklavengefängnis The Cage

Gottvertrauen – die St. James Parish Church (18. Jh.) war einst ein Ort der Besinnung für die weißen Herren der Insel

plaketten und Skulpturen, vermittelt eine Vorstellung vom Reichtum der alten Zuckerbarone. Ein Marmorstandbild (18. Jh.) des englischen Bildhauers John Bacon stellt *Rosa Palmer*, die erste Frau von John Palmer aus Rose Hall, dar. Ihr Leben bildete, stark verfälscht, den Anknüpfungspunkt für die Geschichten um eine spätere Hausherrin, Annie Palmer [s. S. 29 f.].

Nahe der Abzweigung von der Church Street zur Walter Lane ist die **Police Station** 7 in einem einstöckigen Gebäude mit großzügigem Pfeilerportikus untergebracht. Weiter östlich, Ecke Dome und Creek Street steht der **Creek Dome** 8 (1837), ein sechseckiger Turm, der als Brunnenhaus für die Trinkwasserquelle der Stadt fungierte.

Nun geht es zum westlichen Ende der Church Street: Das in den 1930er-Jahren im Art-déco-Stil errichtete **Strand Theatre** 9 dient heute als Veranstaltungsort. Etwas weiter südlich breitet sich entlang des *Howard Cooke Boulevard* der **Craft Market** 10 (tgl. 8–19 Uhr) aus, ein Magnet für Souvenirjäger. Die rund 200 kleinen Shops bieten Geschnitztes, Geflochtenes und Bemaltes in vielen Formen an.

Eine der wichtigsten Institutionen im Nachtleben MoBays, **Pier One** 11, erhebt sich südwestlich auf einem Steg in der Bay. Rund um die hübsche Holzvilla mit *Restaurant* wird im Rahmen von Live-Events oder Party Nights zu Reggae Music gefeiert und getanzt. Vom Pier starten aber auch Bootstouren wie die beliebten *Sunset Cruises* [s. S. 26 f.].

Neben der Church Street mit ihren pittoresken Gebäuden ist die vom Sam Sharpe Square nach Süden verlaufende **St. James Street** 12 mit ihren vielfältigen Einkaufsmöglichkeiten einen Erkundungsgang wert. Sie geht in die südöstlich verlaufende **Barnett Street** 13 über. Ein unbeschreibliches Gewimmel auf den Gehwegen mit Geschäften und Werkstätten aller Art sowie der dichte Verkehr geben einen wahrhaft authentischen Eindruck vom jamaikanischen Leben jenseits der Hotelresorts.

Rasta auf Raten? – auf dem Craft Market ist Kredit kein Thema bei den Preisverhandlungen um eine Holzmaske

Entlang der *Railway Lane*, die südlich der Barnett Street verläuft, erstreckt sich der quirlige **Fustic Market** ⑭, auf dem Farmer der Umgebung frisch geerntete Produkte wie Yam, Breadfruit, Ackee, Süßkartoffeln, Kochbananen, Kokosnüsse und tropische Früchte, aber auch Ziegen oder Hühner anbieten. Am Mittwoch und Samstag ist das Gedränge rund um die Stände am größten.

Reggae-Revier und Freihafen

Wer auf dem Howard Cooke Boulevard nach Süden fährt, überquert bald auf einer unscheinbaren Brücke den Montego River und passiert dann das ausgedehnte Areal des **Catherine Hall Entertainment Centre** ⑮. In einen Schauplatz ausgelassener Lebensfreude verwandelt sich das Veranstaltungsgelände im Juli jeden Jahres, während des sechs- bis neuntägigen **Reggae Sumfest** (Tel. 876-953-29 33, www.reggaesumfest.com). Dann tanzen hier Zehntausende Jamaikaner und Besucher aus aller Welt bis zum frühen Morgen zu den Rhythmen der besten Reggae Bands und bejubeln die angesagtesten Dancehall DJs. Jede Show Nacht ist einer anderen Stilrichtung gewidmet, den Abschluss bilden in der Regel die International Nights, zu denen Stars aus der HipHop-, Rap- und R&B-Szene eingeladen werden.

Im nahe gelegenen Viertel Catherine Hall gibt es statt lauter Musik lauter Farben. Hier präsentiert die **Gallery of West Indian Art** ⑯ (11 Fairfield Rd., Tel. 876-952-4547, www.galleryofwestindianart.com, Mo–Sa 9–17 Uhr) Malerei und Kunsthandwerk aus Jamaika, Kuba und Haiti.

Wha ah gwaan, mi yute? – Jamaikaner parlieren Patois

»Jamaica oman cunny, sah!
Is how dem jinnal so?
Look how long dem liberated
An de man dem never know!«

Das Gedicht ›Jamaica Oman‹ von *Louise Bennet-Coverley* (Miss Lou, 1919–2006) über die starken und schlauen jamaikanischen Frauen, die schon so lange emanzipiert sind, ohne dass die Männer es gemerkt hätten, ist in **Patois** geschrieben. In dieser einstigen (Geheim-)Sprache der Sklaven mischen sich Elemente des Englischen mit Ausdrücken aus **westafrikanischen Sprachen** zu einem jamaikanischen Kreol, das es den Leibeigenen ermöglichte, sich hinter dem Rücken der Aufseher und Plantagenbesitzer zu verständigen. Kein Wunder also, dass dieses Idiom von den besseren Kreisen in Jamaika (offiziell) selbst noch im 20. Jh. als primitiv geächtet wurde. Mit umso mehr Fabulierfreude, Witz und Erfindungsreichtum wurde und wird Patois, zu dem seit langem auch die ideologisch geprägten Wortschöpfungen der **Rastafari** gehören, von Mann und Frau auf der Straße gesprochen und beinah täglich durch neue Wortkreationen bereichert. Etwa seit den 1970er-Jahren, mitgetragen von der internationalen Erfolgswelle der **Reggae Music**, wurde Patois zusehends gesellschaftsfähig, und nicht nur Miss Lou, sondern viele andere Autoren der Insel begannen nun in Patois zu schreiben. Sogar die Wissenschaft hat sich mit dem ›Dictionary of Jamaican English‹ der Sprache angenommen.

Charakteristika sind neben ausgeprägtem Sprachrhythmus und singender Sprachmelodie z. B.: Verwendung von **(h)im** als Personalpronom für ›er‹ und ›sie‹, stummes ›h‹ am Wortanfang, Bsp.: **(h)ave**, bzw. Hinzufügung des ›h‹ wie in **hold** statt old, sowie Verdrehung oder Austausch von Buchstaben, z. B.: **flim** statt film, **aks** statt ask, **likkle** statt little, **dem** statt them. Und hier noch einige Schlagworte:

babylon	Polizei, Obrigkeit
baldhead	Nicht-Rasta
bless(ed love)	Begrüßung
breddah, bredren	Freund, Freunde
dread/natty	Rastaman
dwata/sista	Tochter, Schwester, Frau
I an'I, I-man	ich, mir, wir
irie	gut
ital	natürlich, rein
mi yute	mein Freund
nyam	essen
Jamdung	Jamaika
peeniewally	Glühwürmchen
pickney	Kind, Kinder
raggamuffin	Ghettobewohner
reason	diskutieren
seen (!)/(?)	o.k., klar (!)/(?)
wa mek?	warum, wieso?
wha ah gwaan?/ whappen?	was ist los?, Begrüßung

Rhythmusgruppe – aus dem ›Orchestergraben‹ feuern begeisterte Jamaikanerinnen beim Reggae Sumfest die im Rampenlicht stehenden Showstars an

Noch weiter im Süden liegt der Freihafen **Montego Bay Freeport** 17. Auf der ihn rahmenden grünen Seawinds Peninsula befinden sich das Kreuzfahrtterminal, das Montego Freeport Shopping Centre, der Montego Bay Yacht Club und zwei Hotelkomplexe.

Gloucester und Kent Avenue: Bade- und Partyspaß am Hip Strip

Nördlich der Downtown erstreckt sich die Strand- und Hotelzone von Montego Bay. Der **Aquasol Theme Park** 18 (Tel. 876-979-94 47, www.aquasoljamaica.com, Mo–Fr 9–19, Sa/So 9–22 Uhr) ist ein beliebtes Strandbad am Walter Fletcher Beach mit Restaurant, Wassersport-Angebot, Tennisplätzen und Gocart-Bahn. Hier finden auch Beach Parties und Live Shows statt. Auf der anderen Seite der Gloucester Avenue grüßen auf der Anhöhe einige Kanonen als Reste des **Fort Montego** 19 herüber. Sie bilden die Kulisse für einen **Craft Market**. Gerahmt von Restaurants, Bars und Hotels folgen die Gloucester Avenue und ihre Fortsetzung *Kent Avenue* weiter dem Meeressaum, während sich der *Queen's Drive* parallel dazu durch die Hügelkulisse windet, geschmückt mit einigen idyllischen Hotel-

Aquasol Theme Park – jamaikanische Plantsch- und Schwimmparty

TOP TIPP

anlagen. Als nächste ›Badeanstalt‹ erreicht man **Doctor's Cave Beach** 20 (Tel. 876-952-25 66, tgl. 8.30 Uhr bis Sonnenuntergang). Er ist einer der bekanntesten und beliebtesten Strände Jamaikas, ein breiter, wenn auch relativ kurzer Sandstreifen mit Restaurant, Bar und Shops. Ende des 19. Jh. begründete Dr. Alexander G. McCatty hier ein Sanatorium. Die heilenden Kräfte des von mineralhaltigen *Quellen* gespeisten Meerwassers, geschickt propagiert, brachten bald die ersten Kurgäste aus England und den USA an die Küste der Karibikinsel. Inzwischen sind Hotels wie das *Breezes* dem berühmten Sandstrand recht nahe gerückt. Als besondere Attraktion hat der Strand heute **Sea Trek** (Tel. 876-979-65 99, www.chukkacaribbean.com, Sa–Do 8–17 Uhr) zu bieten, eine Unterwassertour, bei der man mit einem High-Tech-Tauchhelm ausgestattet und in Begleitung von Führer und Tauchern in etwa 6 m Tiefe auf dem Meeresgrund spazieren gehen und die Fischbevölkerung der Korallengärten bewundern kann.

Unmittelbar nördlich schließt sich der attraktive, rund 90 m breite **Cornwall Beach** 21 (Tel. 876-952-34 63, tgl. 9 Uhr bis Sonnenuntergang) an. An der benachbarten **St. James Plaza** 22 mit ihren Souvenirläden befindet sich auch das örtliche Informationsbüro des Jamaica Tourist Board (JTB).

Schon seit 1974 stehen das ausgedehnte Korallenriff vor der Küste sowie die Mangroven und Seegrasfelder der Bay unter Naturschutz. Um den schädigenden Umwelteinflüssen noch effektiver begegnen zu können, entschloss man sich 1992, das knapp 24 km² große Meeresareal zwischen dem Flughafen im Norden und dem Great River im Süden der Stadt als **Montego Bay Marine Park** 23 (Büro, Gift Shop, Bücherei: Pier One, Howard Cook Blvd., Tel. 876-952-56 19, www.mbmp.org) zum Nationalpark zu erklären. Das Gebiet wird von Rangern bewacht, nur an einigen Stellen sind Fischen und Wassersport erlaubt, grundsätzlich verboten ist das Sammeln von Muscheln und Korallen. Erste positive Anzeichen lassen auf eine Erholung der sensiblen Korallengärten hoffen.

Während beim Cornwall Beach der Sunset Boulevard in Richtung Flughafen abzweigt, führt die Kent Avenue weiter am Meer entlang bis zum schmalen **Dead End Beach** 24, einem besonders bei Jamaikanern beliebten Strand, der fast bis an die Landebahnen des Flughafens reicht. Beliebter Treffpunkt, auch am Abend, ist hier die *Po'k-Knockers Bar* mit jamaikanischer Küche und Musik.

Die herrlichen Sonnenstrände von MoBay:
Oben: *Cornwall Beach – ein karibisches Idyll unter Bäumen*
Links unten: *Doctor's Cave Beach – vom Thermalbad zur schicken Sonnenoase*

Ausflüge

Den bereits erwähnten Fustic Market von MoBay beliefern heute die Kleinbauern der Region, Großgrundbesitzer jedoch wie die der **Barnett Estate** (4 km südöstlich von Montego Bay) haben andere, internationale Vertriebswege. Seit Oberst Nicolas Jarrett 1655 mit der britischen Flotte den Spaniern Jamaika abjagte, seit nunmehr elf Generationen, sind weite Teile des Nordwestens der Insel im Besitz der Kerr-Jarrett Familie. Eine Besichtigung der mehr als 1200 ha großen *Plantage* (auch als Ausritt) und des mit Antiquitäten ausgestatteten **Belfield Great House** (Fairfield Rd., Tel. 876-952-23 82, tgl. 10–17 Uhr) aus dem 18. Jh. vermittelt ein lebendiges Bild der Vergangenheit. Das hier etablierte **Belfield 1794 Restaurant** lockt mit kulinarischen Köstlichkeiten. Vom Anwesen hat man außerdem einen schönen Blick auf Montego Bay.

Einige Kilometer südwestlich liegt *Reading*. Es ist ein gediegener Villenvorort von MoBay und zudem Hauptsitz der Desnoe & Geddes Factory, der Brauerei des beliebten Red Stripe Beer. Von hier führt die B8 in Richtung Anchovy zur **Rockland Bird Sanctuary & Feeding Station** (tgl. 9–17.30, Tel. 876-952-20 09, Fütterung tgl. 15.30 und 17 Uhr), einem wahren Vogelparadies in den bewaldeten Hügeln. Das Schutzgebiet wurde 1958 von der Ornithologin Lisa Salmon eingerichtet. *Kolibris*, darunter der **Doctor Bird** genannte Nationalvogel Jamaikas mit seinem roten Schnabel, dem grün-schwarzen Federkleid und den blau-schwarzen langen Schwanzfedern, außerdem Waldspechte, winzige graue Tauben und sogar Eulen kommen zur Fütterungszeit aus der Umgebung herbeigeflogen und lassen sich auf der Terrasse nieder. Die

Doktor zugeflogen – im Rockland Bird Sanctuary wird gerade ein Kolibri namens Doctor Bird mit Zuckerwasser gefüttert

Kolibris nippen Zuckerwasser aus kleinen Flaschen, die ihnen von Mitarbeitern der Station oder von Besuchern hingehalten werden.

Über eine Abzweigung geht es weiter nach *Lethe*. An der Grenze der Parishes St. James und Hanover fließt der *Great River* nach Norden zur Montego Bay. Die Bananenplantage **Lethe Estate** (Tel. 876-956-49 20, tgl. 9–16 Uhr), inzwischen als Hotel fungierend, liegt unweit des Dorfes inmitten einer grünen Hügellandschaft. Wandertouren durch die Wälder und über die Felder inklusive Picknick werden angeboten. Ein Erlebnis ist außerdem die zweistündige Fahrt auf einem zweisitzigen, von einem Rafting Captain gesteuerten Bambusfloß durch das grüne Tal des **Great River** (Mountain Valley Rafting, Tel. 876-912-00 26, tgl. 9–17 Uhr). Besonders romantisch ist die abendliche Tour beim Schein von Fackeln.

Am Flussufer liegt auch der erste Öko-Zoo Jamaicas, die **Animal Farm** (Tel. 876-953-35 83, Mo–Fr 10–16 Uhr) von Lethe, die vor allem Einblicke in die exotische Vogelwelt gewährt. Ferner gibt es einen Streichelzoo und zur Stärkung Tee aus dem hauseigenen Kräutergarten.

i Praktische Hinweise

Information

JTB, Cornwall Beach, Montego Bay, Tel. 876-952-44 25, Fax 876-952-35 87, auch am Flughafen, Craft Market etc.

Flughafen

Donald Sangster International Airport, Montego Bay, Tel. 876-952-27 12, www.mbjairport.com

Bus

Bus Terminal, am Südende der St. James St. Mehrmals tgl. Verbindungen per Minibus nach Negril, Ocho Rios, Port Antonio, Kingston usw.

Taxi

JUTA, Tel. 876-952-08 13

Lizensierte Taxis stehen auch vor den Hotels bereit. Den Fahrpreis sollte man vor Abfahrt klären. Preiswerte *Sammeltaxis* verkehren in der Stadt auf verschiedenen Routen.

Wassersport und Touren

Calico Sailing Cruises, Pier One Marina, Montego Bay, Tel. 876-952-58 60, www.calicosailingcruises.com. Der Segler legt tgl. 10 und 15 Uhr zu Party Cruises mit Schnorcheln sowie Mi–Sa 17 Uhr zu Sunset Cruises ab.

Resort Divers, Rose Hall Resort and Country Club, Tel. 876-953-09 39, www.resortdivers.com. PADI Tauchkurse und Tauchexkursionen.

Chukka Caribbean Adventures, Freeport Shopping Centre, Montego Bay, Tel. 876-979-65 99, www.chukkacaribbean.com. River Tubing mit Gummireifen auf dem Great River, Jeep oder ATV-Bike

Symbole der Nacht – eine gigantische Bierflasche und ein lauschiger roter Pavillon krönen die supercoole Disco Margaritaville am Hip Strip von MoBay

Safaris, Canopy Tours (am Seilzug durch die Wipfel des Regenwaldes), und Reitausflüge von den Hügeln zum Strand.

Hilton High Day Tour, 11 Delisser Drive, Montego Bay, Tel. 876-952-33 43, www.jamaicahiltontour.com. Geführter Landausflug zur Hilton Estate mit Besuch von Seaford Town, Begegnungs- und Unterhaltungsprogramm (Di/Mi, Fr/Sa 8–15 Uhr).

MoBay Undersea Tours, Pier One Marina, Montego Bay, Tel. 876-952-58 60, www.mobayunderseatours.com. Durch die Panoramafenster im Bauch der ›Coral Sea‹ kann man die Unterwasserwelt der Bay beobachten.

Salty Angler Fishing Charters, Pier One Marina, Montego Bay, Tel. 876-863-15 99, www.flyfishingjamaica.com. Vom Marine Park Trust autorisierte Angelexkursionen, auch für Familien.

Einkaufen

El Paso Records, Sam Sharpe Square und Bay West Shopping Centre, Montego Bay, Tel. 876-952-91 33, 876-952-82 27. Musikladen mit Riesenangebot.

Nachtleben

TOP TIPP **Margaritaville**, Gloucester Ave., Montego Bay, Tel. 876-952-47 77, www.margaritavillecaribbean.com. Coole Gerichte, coole Drinks, coole Menschen, eine 30 m lange Rutsche ins Meer, Badefreuden, Wassersport und abends heiße Disco mit bemerkenswert buntgemischtem Publikum.

Po'k-Knockers Bar & Grill, 7 Kent Ave., Montego Bay, Tel. 876-971-37 53. Populäres Lokal mit vielseitigem Menü. Mittwochs gibt es Live Shows, Sonntags ist Party Night.

The Brewery, Shop 4, Miranda Ridge, Gloucester Ave, Montego Bay, Tel. 876-940-24 33. Bar und Jerk-Pork-Pit mit überdachter Veranda. Abends Reggae-Disco, Karaoke oder Livemusik.

Hotels

TOP TIPP ********Round Hill Hotel & Villas**, Hopewell, Hanover, 13 km südwestlich von MoBay, Tel. 876-956-70 50, Fax 876-956-75 05, www.roundhilljamaica.com. Elegant-legere Luxusherberge an der Küste, die auch Hollywood-Prominenz zu ihren Stammgästen zählt.

Mit Schwung zum Erfolg – schlagkräftiger Sportler auf dem Golfplatz des Tryall Club

********Tryall Golf, Tennis & Beach Club**, Sandy Bay, Hanover, 20 km südwestlich von MoBay, Tel. 876-956-56 60, Fax 876-956-56 73, www.tryallclub.com. Golferparadies direkt am Meer und Resortanlage um ein historisches Plantagenhaus.

*******Breezes Montego Bay**, Gloucester Ave., Montego Bay, Tel. 876-940-11 50, Fax 876-940-11 60, www.superclubs.com. All-inclusive-Anlage (124 Zi.) mit Restaurants, Disco und direktem Zugang zum Doctor's Cave Beach.

*******Holiday Inn SunSpree Resort**, 8 km östlich vom Flughafen, Montego Bay, Tel. 876-953-24 85, Fax 876-953-28 40, www.montegobayjam.sunspreeresorts.com. Kinderfreundliche All-inclusive-Anlage an langem Sandstrand mit zwei Pools, Fitness- und Wassersportprogramm sowie vier Restaurants.

******Coral Cliff Hotel**, 165 Gloucester Ave., Montego Bay, Tel. 876-952-41 30, 876-952-65 32, www.coralcliffjamaica.com. Hotel- und Entertainment-Resort mit spektakulärer Wasserfall-Fassade, Pool, Restaurant, Spielautomaten-Lounge, Fitness Center und Livemusik.

******Doctor's Cave Beach Hotel**, Gloucester Ave., Montego Bay, Tel. 876-952-43 55, Fax 876-952-52 04, www.doctorscave.com. Angenehmes Haus (90 Zi.) in zentraler Lage mit Pool, Restaurant und guter Bar unweit des gleichnamigen Strandes.

***El Greco**, 11 Queens Dr., Montego Bay, Tel. 876-940-61 16, Fax 876-940-61 15, www.elgrecojamaica.com. Von dem modernen Apartmenthotel führt ein Aufzug direkt zur Gloucester Avenue.

Caribic House, 69 Gloucester Ave., Montego Bay, Tel. 876-979-60 73, Fax 876-979-34 21, www.caribichouse.com. Ordentliche Herberge gegenüber des Doctor's Cave Beach.

Richmond Hill Inn, Union St., Montego Bay, Tel. 876-952-38 59, Fax 876-952-61 06, www.richmond-hill-inn.com. Schöne Lage – von dem einstigen Plantagenhaus (17 Zi.) blickt man auf MoBay. Shuttle Service zum Strand.

Restaurants

Pier One, Howard Cooke Blvd., Montego Bay, Tel. 876-952-24 52, www.pierone jamaica.com. Zunächst werden Rummixgetränke als Aperitiv serviert, dann gibt es gegrillten Red Snapper oder Hummer mit Zitronensauce. Am Wochenende mutiert Pier One zur Open Air & Open End Tanzparty.

Pork Pit, 27 Gloucester Ave., Montego Bay, Tel. 876-952-36 63. Lebhafter Treffpunkt für alle Fans des Jerk Food, gut und günstig.

The Pelican, Gloucester Ave., Tel. 876-952-31 71. Schmackhafte jamaikanische Gerichte. Es gibt z. B. Red Snapper, Curried Goat, Rice & Peas und Johnny Cakes.

Day O Plantation Restaurant, Lot 1 Fairfield, Granville, 5 km westl. von MoBay, Tel. 876-952-18 25. Das Restaurant mit Garten in Hügellage bietet köstliche jamaikanische und internationale Küche (Di–So 18–23 Uhr).

Tapas, Corniche Rd., Montego Bay, Tel. 876-952-29 88. Innovative jamaikanisch-spanische Küche.

The Houseboat Grill, Southern Cross Blvd., Bogue Bay, Montego Bay, Tel. 876-979-88 45. Das hübsche Hausboot-Restaurant bietet karibische Köstlichkeiten wie frischen Hummer, außerdem eine Bar auf dem Oberdeck und herrliche Ausblicke.

The Native, 29 Gloucester Ave., Montego Bay, Tel. 876-979-27 69. Der Name ist Programm. Lecker zubereitete jamaikanische Spezialitäten wie *Jerk Chicken* oder *Ackee and Saltfish*, aber auch Hummer oder geräucherter Marlin.

Town House by the Sea, Casa Blanca Hotel, Gloucester Ave., Montego Bay, Tel. 876-952-26 60, www.townhouseby thesea.com. Das Feinschmeckerrestaurant ist im ältesten Hotel der Stadt direkt am Meer beheimatet. Geboten wird kreative jamaikanische Küche.

2 Seaford Town

Ein Dorf mit ›exotischen‹ Bewohnern.

Auf den ersten Blick ähnelt Seaford Town, über die B8 und B6 von MoBay aus zu erreichen, einem typisch jamaikanischen

Kein Bild aus dem deutschen ›Landboten‹ – im 19. Jh. kamen Siedler von der Weser nach Seaford Town. Selbst die Dorfkirche erinnert ein wenig an die alte Heimat

Mordserie im Herrenhaus – so friedlich liegt das hübsche Rose Hall inmitten seiner Gärten und Felder, und doch soll es einst Schauplatz von Greueltaten gewesen sein

Dorf. Doch dann fallen einige Häuser auf, die mit ihren verzierten Giebeln an eine andere Welt erinnern. Von den 600 Einwohnern, die hier leben, hat ein Drittel eine helle Hautfarbe. Sie heißen Schröder, Kleinhans oder Sommer. Und das alles liegt an Seaford Towns ungewöhnlicher Geschichte.

Nachdem das britische Parlament 1834 mit einer Übergangszeit von vier Jahren das Ende der Sklaverei beschlossen hatte, bemühten sich Plantagenbesitzer wie **Lord Seaford**, *Vertragsarbeiter* zu verpflichten, die das weitere Funktionieren der riesigen Zuckerrohrplantagen garantieren sollten. Auch 1200 **deutsche Auswanderer** aus dem Wesergebiet trafen um 1838 auf Jamaika ein. Etwa 350 von ihnen siedelten um den *Montpelier Mountain*, auf dem Land von Lord Seaford. Doch schlechter Boden, das Fehlen landwirtschaftlicher Kenntnisse und tropische Krankheiten machten den Deutschen zu schaffen. Ihre Geschichte wird in einem winzigen, von der katholischen *Kirche* betreuten Ausstellung im **Seaford Historical Museum** (tgl. 9–17 Uhr, Schlüssel beim Pfarrer) dokumentiert. Obgleich die Deutschen von Seaford Town im Laufe der Zeit die Lebensgewohnheiten ihrer Nachbarn annahmen, Sprache und Kultur der Heimat vergaßen, heirateten sie fast ausschließlich untereinander, und deshalb existiert hier bis heute eine Gruppe weißer Einwohner.

3 Rose Hall Great House

TOP TIPP *Ein imposantes Herrenhaus voller gruseliger Hexengeschichten.*

Das um 1770 im Stil britischer Landsitze errichtete *Rose Hall Great House* (Tel. 876-953-23 23, Führungen tgl. 9–18 Uhr) 15 km östlich von Montego Bay ist ohne Zweifel das berühmteste Plantagenhaus Jamaikas. Das dreigeschossige, kantige Gebäude mit vorspringendem Mittelbau ist geschmückt mit einer doppelläufigen *Freitreppe*, die zur Beletage hinaufführt, um dort auf die großzügige Terrasse und in das triumphbogenartig gerahmte *Hauptportal* zu münden. John Palmer ließ das Great House auf einem Hügel nicht weit vom Meer errichten und benannte es nach seiner Frau Rose. Der Blick des Betrachters schweift von hier über die Küstenlandschaft und das Karibische Meer. Einige *Kanonen* erinnern daran, dass die exponierte Lage nicht nur wegen der landschaftlichen Reize gewählt wurde, sondern auch, um Piraten- oder andere feindliche Schiffe frühzeitig ausmachen und bekämpfen zu können.

Das Haus war ab 1845 mehr als 100 Jahre unbewohnt und verfiel. Schließlich wurde es aufwendig restauriert und erscheint seitdem fast wieder in altem Glanz. Die *Seidentapeten* des Tanzsaals sind im französischen Stil zu Zeiten Ludwig XVI. gestaltet, kostbare *Antiquitäten*, darunter Chippendale-Stühle, ein aus Mahagoni gefertigtes Bett und ein aus dem gleichen tropischen Holz geschnitztes Treppenhaus stammen von anderen eleganten Landsitzen der Insel.

Die reale Geschichte der Plantage verblasst völlig angesichts der Grusellegen-

Keine Skandale zu vermelden – gesittet ging es dagegen wohl im benachbarten, vornehm möblierten Greenwood Great House zu, das 1760 errichtet wurde

de **›The White Witch of Rose Hall‹** (Die weiße Hexe von Rose Hall), die zu Beginn des 19. Jh. drei Ehemänner sowie zahlreiche weiße und farbige Liebhaber vom Leben zum Tode befördert haben soll. Die sterblichen Überreste der *Annie Palmer* (deren Vita mit der von Rose Palmer verquickt wurde) sollen in einem durch ein weißes Kreuz markierten Grab im Garten bestattet worden sein, nachdem ihr letzter Favorit sie nach einer Liebesnacht im Bett erdrosselt hatte. Während der **Führung** durch die Repräsentationsräume und Schlafzimmer erfährt man alles über die sadistische und von bösen Dämonen besessene Lady, deren Spukgestalt noch immer durch Gänge und Treppenhäuser geistern soll. Im Erdgeschoss bieten dann ein Pub und Shop mit Kunsthandwerk wieder Anknüpfungspunkte an die Realität.

Das auf einem küstennahen Hügel 5 km weiter östlich gelegene **Greenwood Great House** (Tel. 876-953-10 77, www.greenwoodgreathouse.com, tgl. 9–18 Uhr) kann nicht mit Schauermärchen, dafür aber mit einer schönen Aussicht aufwarten. Die zweigeschossige Anlage

Candle Light Dinner vor klassizistischer Kulisse – Abendstimmung auf der Restaurantterrasse des exklusiven Half Moon Club in Rose Hall

mit großem Ballsaal wurde um 1760 erbaut und ist noch heute bewohnt. In der Halle findet man *Porträts* von Mitgliedern der Familie Barrett, denen früher neben riesigen Ländereien auch dieses Herrenhaus gehörte. Die Sammlung historischer Bücher, die ältesten stammen vom Ende des 17. Jh., von seltenen Musikinstrumenten, Wedgewood-Porzellan und diversen Gerätschaften einer Plantage machen Greenwood zu einem anschaulichen Museum jener Zeit, als König Zucker die Insel regierte. Eiserne Fußfesseln und eine Menschenfalle für entlaufene Sklaven erinnern an die düsteren Seiten dieser Epoche.

i Praktische Hinweise

Shopping

Reggae Experience & Theatre, Half Moon Shopping Village, Rose Hall, Tel. 876-953-34 49. Shop mit Shirts, CDs und Souvenirs rund um Reggae und seine Stars sowie Kino mit Großleinwand.

Hotels

*****Half Moon Golf, Tennis & Beach Club**, Rose Hall, Tel. 876-953-22 11, Fax 876-953-27 31, www.halfmoon-resort.com. Mehrfach ausgezeichnete Luxusanlage (419 Zi., Suiten und Villen) mit zwei schönen Stränden und riesigem Sportangebot. In der zum Hotel gehörigen Dolphin Lagoon kann man mit Delphinen schwimmern. Die neue Erholungsoase Fern Tree Spa bietet auch sechs Suiten.

*****Ritz-Carlton Golf & Spa Resort**, Rose Hall, Tel. 876-953-28 00, Fax 876-953-25 01, www.ritz-carlton.com. Vielfach prämiertes Weltklasse-Resort (427 Zi.) in Strandlage mit Wellness-Programm, Restaurants und Bars sowie dem 18-Loch-Golfplatz *The White Witch*.

****Coyaba Jamaica Resort**, Mahoe Bay, Little River, Tel. 876-953-91 50, Fax 876-953-22 44, www.coyabajamaica.com. Elegantes und entspanntes kleines Haus (50 Zi.) am Strand.

*Cocomo's Coral Gardens**, 7 Montego Ave., Coral Gardens, Rose Hall, Tel. 876-953-94 37. Einfache Unterkunft mit Pool.

Restaurant

Sugar Mill, am Golfplatz des Half Moon Club, Tel. 876-953-23 14. Das hübsche Terrassenrestaurant bietet köstlich zubereiteten Fisch und Krustentiere sowie eine gute Weinliste. Reservierung empfohlen.

Zeigt her eure Zähne – Mundpflege durch Frischluft in der Falmouth Swamp Safari

4 Falmouth

Krokodile, ein historischer Zuckerhafen mit wettergegerbter Filmkulisse und ein Plantagenjuwel.

Auf der A1 geht die Fahrt durch flaches Weideland in Richtung Falmouth. Bald ist der Mini-Zoo **J. Charles Swaby Falmouth Swamp Safari** (Foreshore Road, Tel 876-954-30 65, tgl. 9–17 Uhr) erreicht. Hier leben Krokodile, Schlangen und Vögel. Entlang eines ausgeschilderten 45-minütigen Rundweges kann man bis zu 100 Krokodile bewundern, von wenige Zentimeter großen ›Babys‹ bis zu ausgewachsenen 4,5 m langen Echsen. *James-Bond-Fans* erkennen hier eine der Kulissen für den Film ›Live and Let Die‹ (Leben und Sterben lassen, 1973) wieder. Die spektakuläre Szene zeigt, wie Roger Moore leichtfüßig auf den Rücken der auftau-

Hohe Hallen für das Hohe Gericht – das attraktive Courthouse von Falmouth (1815)

chenden Krokodile über das Wasser laufend seinen Verfolgern entkommt.

Die Blütezeit des 1790 als Hauptstadt des *Trelawny Parish* gegründeten Falmouth, rund 40 km östlich von MoBay, liegt weit mehr als 150 Jahre zurück. Von seinem **Hafen** aus wurde im 19. Jh. die Ernte der über 80 Zuckerrohrplantagen der Region verschifft. Auf dem *Sklavenmarkt* der Stadt kauften die Pflanzer den menschlichen Nachschub für die harte Feldarbeit. Der Niedergang von Falmouth setzte mit dem Rückgang der Zuckerindustrie und der Ankunft moderner Dampfschiffe ein, die ab Mitte des 19. Jh. die Segler ersetzten, im flachen Hafenbecken aber nicht ankern konnten. Ab etwa 1890 übernahm Montego Bay die Rolle als Handelshafen.

Falmouth, bekannt wegen seines großen, bunten **Marktes** (Mi, Sa), verfügt über ein auf Jamaika einmaliges Ensemble von Bauten aus der georgianischen Epoche (18./19. Jh.) mit säulengeschmückten Vorhallen und kunstvollen schmiedeeisernen Balkonbrüstungen. Nach jahrzehntelanger Vernachlässigung konnten nun durch die Initiative der *Falmouth Heritage Renewal Inc.* einige der Häuser restauriert werden

Die **Duke Street** führt von Westen schnurgerade vorbei an der 1796 errichteten **Parish Church of St. Peter** mit ihrer attraktiven Ausstattung und dem Kirch-

Slavery Days – das Echo der Erinnerung

Einer der eindringlichsten Songs des bekannten Reggae-Sängers **Burning Spear** beginnt mit der herzergreifenden, beschwörend wiederholten Frage: »Do you remember the days of slavery?« Wie suggestiv ist dieser Ruf – und als Antwort, wie ein Echo, taucht die Erinnerung daran auf, was einmal war. Die Tage der **Sklaverei** auf Jamaika endeten vor rund 170 Jahren, und doch spüren die Ururenkel jener Afrikaner, die auf einem der britischen Sklavenschiffe hierher gebracht wurden, wie Burning Spear singt, manchmal noch die Fußfesseln der Feldarbeiter. Sie spüren es einfach, weil die Folgen gegenwärtig sind. Wer die Ghettos von Montego Bay und Kingston auch nur von Weitem sieht, wer auf der Besichtigungsfahrt zu einem prächtigen Great House die winzigen Hütten gewahrt, in denen heute noch ganze Familien leben, wer erfährt, was die Hotelangestellten als Monatslohn empfangen, kann diese Erinnerung verstehen.

Der britische **Dreieckshandel** (Afrika–Karibik–England) des 16.–19. Jh. begründete auf Jamaika die Blütezeit des Zuckerhandels, den Reichtum der Plantagenbesitzer und trug zu dem des Empires bei. An der Westküste Afrikas beluden die Sklavenhändler ihre Schiffe mit **Kriegsgefangenen**, die sie Häuptlingen verfeindeter Stämme für minderwertige Güter abgekauft hatten. Nach 6–12-wöchiger Überfahrt – unter unvorstellbaren, menschenunwürdigen Bedingungen waren die Sklaven im Bauch der Schiffe zusammengepfercht – landete man in Kingston. Wer die Qualen überlebt hatte, wurde auf der nächsten **Auktion** versteigert. Das beste Los hatten jene, die als Haussklaven arbeiten durften. Die Feldsklaven hingegen wurden übel geschunden und arbeiteten sich innerhalb weniger Jahre zu Tode. Durch härteste **Diziplinarmaßnahmen** versuchte man, die zahlenmäßige Übermacht der Unterdrückten in Schach zu halten. Ihre Religionen und Sprachen wurden verboten, Paar- und Familienbande zerstört bzw. deren Entstehung unterbunden.

Wenig verwunderlich also, dass die Geschichte der Sklaven auf Jamaika geprägt war von **Widerstand**, Flucht und Kampf. Im 18. Jh. allein sah die Insel etwa alle fünf Jahre einen Sklavenaufstand und nirgendwo sonst in der Karibik oder Nordamerika waren die Rebellionen häufiger und verheerender in ihrer Wirkung als hier. Jamaika mit seinen **400 Zuckerrohrplantagen**, riesige Zuckerfabrik des britischen Kolonialreiches, war ein Pulverfass, der langjährige Guerrillakampf der Maroons nur einer der Funken, der die Wut der Unterdrückten und ihren Wunsch nach Freiheit immer wieder entfachte. Aber ihre Geschichte lebt nicht nur in den Liedern engagierter Reggae-Musiker fort. Die **Freiheitskämpfer**, die – wie Sam Sharpe während der ›Christmas Rebellion‹ 1831 – Massen geschundener Sklaven im Kampf vereinten, sind heute **Nationalhelden** Jamaikas.

turm (Aussicht) ins Herz der Stadt zum **Water Square**. Sein Name erinnert daran, dass hier einst eine vom Martha Brae River gespeiste *Zisterne* die Wasserversorgung sicherte. Falmouth verfügte als die erste Stadt Jamaikas seit dem frühen 19. Jh. über fließendes Wasser. Am **Albert and George Market** (1894) vorbei gelangt man geradeaus zur *Seabord Street* mit dem eindrucksvollsten Bauwerk der Stadt. Das Gerichtsgebäude **Courthouse** (1926) ist ein Nachbau des Originals von 1817 mit kolossaler säulengeschmückter Tempelvorhalle im Greek Revival Style. Weiter südöstlich an der *Upper Harbour/Tharp Street* fällt das konische Dach, *The Dome* genannt, der Schmiede **Phoenix Foundry** (1810) ins Auge, einem der ersten größeren Industriebetriebe Jamaikas.

Unweit des Water Square verläuft als zweite große Straßenachse die **Market Street**, die auch als Kulisse für den Film ›Papillon‹ von 1974 mit Steve McQueen und Dustin Hoffmann diente, in nordsüdlicher Richtung. Sie wird gesäumt von weiteren georgianischen Gebäuden. Kürzlich restauriert wurden **The Baptist Manse** (Ecke Trelawny St.) von 1798, in dem einst der englische Baptistenprediger William Knibb lebte, und das gegenüberliegende **Moulton Barrett Townhouse**. Die damals hier ansässige Familie Barrett hatte großen Einfluss auf die Entwicklung von Falmouth ab 1790. Auch in der Parallelstraße Lower Harbour Street (Nos. 3, 4) hat Falmouth Heritage zwei historische Wohnhäuser wieder hergestellt.

Stairway to Heaven – das Counting House der Good Hope Plantation, heute eine Suite

In der **Knibb Memorial Baptist Church** (1844, erneuert 1948) an der westlichen Parallelstraße King Street (Ecke George St.) wurden zum Gedenken an die Aufhebung der Sklavere am 3. Juli 1838 eiserne Handfesseln, eine Halskrause sowie eine Peitsche als Symbole der Unterdrückung beigesetzt, wie ein *Relief* im Inneren erzählt. William Knibb, der sich unermüdlich und ungeachtet großer Anfeindungen für die Abschaffung der Sklaverei eingesetzt hatte, liegt ebenfalls in seiner Kirche begraben

Östlich der Stadt, in Greenfield, steht das neue **Trelawny Multi-Purpose Stadium**, in dem am 11. März 2007 das Eröffnungsspiel des ICC Cricket World Cup stattfand.

Im Salon des vormaligen Herrenhauses der Good Hope Plantation ließ der steinreiche Großgrundbesitzer seine von erfolgreichen Geschäften gezeichneten Tage ausklingen

Ausflug

Durch idyllisches Farmland fährt man gen Süden zu einem heute noch bewirtschafteten Landsitz: **Good Hope Plantation** wurde Mitte des 18. Jh. von einem der reichsten Männer Jamaikas, *John Tharp*, angelegt. Von der Terrasse des dreiflügeligen **Great House** in Hügellage, blickt man über das schöne Queen of Spains Valley bis zu den Hügeln des Cockpit Country. Im mit Antiquitäten eingerichteten Inneren durchschreitet man Salons, Speisesaal und vier Schlafzimmer, von denen jedes seinen eigenen gediegenen Charme besitzt. Im verträumten Garten mit Pool schließlich wartet das ehem. *Counting House* des Verwalters (inkl. Sklavenzelle) mit romantischer Märchenkulisse auf (verliebte) Gäste.

i Praktische Hinweise

Hotel

****Good Hope Country House**, Good Hope, südlich von Falmouth, Tel. 876-469-34 43, Fax 876-979-80 95, www.goodhopejamaica.com. Zimmer in historischem Plantagenhaus und Nebengebäuden wie dem River Cottage mitten im Grünen am Fluss (Vermietung wochenweise). Das Restaurant verwöhnt mit jamaikanischer Küche. Reitausflüge, Wanderungen, Vogelbeobachtung etc. können organisiert werden.

Oben: *Floß ahoi – Seelenbalsam ist die Flussreise auf dem Martha Brae River*

Unten: *Feuerbaum – im bizarren Hügelpanorama des Cockpit Country setzt ›Flame in the Woods‹ einen spielerischen Akzent*

5 Martha Brae River

Gemütliche Floßfahrt zur Bucht des leuchtenden Wassers.

Zu den erholsamsten und schönsten Erlebnissen gehört ein *Rafting Trip* auf dem Martha Brae River. Geruhsam und lautlos gleitet das lange zweisitzige Bambusfloß, vom Steuermann per Bambusstange gelenkt, den kurvigen Fluss hinab. Er entspringt im Cockpit Country bei den *Windsor Caves* und mündet nach 52 km östlich von Falmouth in die Oyster Bay und ins Karibische Meer. Sein Name entstammt einer *Sage*. Martha Brae, eine Arawak-Prinzessin, soll goldhungrige Spanier mit Versprechungen auf reiche Beute in eine Höhle am Flussufer gelockt haben. Dort änderte sie dank magischer Kräfte den Lauf des Flusses, sodass die Spanier und sie selbst ertranken. Ihr Geist soll noch immer den Zugang der bis heute unentdeckten Goldmine bewachen. Vom **Rafters Village** (Tel. 876-952-08 89, www.jamaicarafting.com, tgl. 9–16 Uhr), gut 5 km landeinwärts südlich des Ortes Martha Brae gelegen, startet die etwa 90-minütige Tour flussabwärts durch eine hügelige, üppig bewachsene Tropenlandschaft bis zur Mündung. Wer möchte, kann unterwegs auch ein erfrischendes Bad im klaren Wasser nehmen.

Eine abendliche Bootstour von besonderem optischen Reiz findet in der **Oyster Bay** selbst statt. Östlich von Falmouth

beim Örtchen Rock liegt dieser von Mangroven gesäumte Strandsee. Er wird auch *Luminous Lagoon* genannt, denn in seinem Wasser sorgen fluoreszierende Mikroorganismen bei Dunkelheit für jenes geheimnisvolles Leuchten, das durch die vorbeischwimmenden Fische immer wieder dynamisch reflektiert wird.

Im Jahr 2008 wird in der Bucht das Luxushotel *Excellence Oyster Bay* (www.excellence-resorts.com) eröffnet.

i Praktische Hinweise

Hotel

***Fisherman's Inn**, Rock, Tel. 876-954-40 78. Nettes Hotel an der Lagune.

Restaurant

Glistening Waters Marina & Restaurant, Rock, Tel. 876-954-32 29, www.glisteningwaters.com. Attraktives Seafood-Lokal direkt an der Lagune, gute Cocktails. Außerdem: Marina, Yacht Charter, Angeltouren, Sunset Cruises und abends Bootsausflüge in die Luminous Lagoon.

6 Cockpit Country

Die pittoreske, beinah straßenlose Wildnis ist die Heimat der Maroons.

Als Cockpit Country bezeichnet man ein etwa 1300 km² großes Terrain südöstlich von Montego Bay, in das nur ein paar Straßen ein Stückchen hineinführen, aber keine von ihnen durchquert das Gebiet. Es ist Teil des massiven Kalksteinplateaus, das große Teile West-Jamaikas bedeckt. In die verkarstete Landschaft mit ihren kegelförmigen grünen Hügeln und Felsnadeln sollten sich auch erfahrene Wanderer nur mit ortskundigen Führern wagen. Da markierte Wege fehlen, und der poröse Untergrund nachgeben kann, sind selbst kurze Spaziergänge auf eige-

Balm Mothers, Obeah und Anancy, als wär's ein Stück von Afrika

Manchmal fühlt man sich mitten im karibischen Ferienparadies an Afrika erinnert – angesichts einer kunterbunten Marktszene, einer Dame, die ihre Einkäufe auf dem Kopf balancierend nach Hause trägt, ja selbst beim Anblick so mancher Landschaft. Und tatsächlich ist das Erbe des dunklen Kontinents auf Jamaika bis heute lebendig geblieben.

Kraft und Magie der afrikanischen Kultur versetzte einst selbst mächtige Plantagenbesitzer in Angst und Schrecken, und alle Versuche, sie auszulöschen, waren vergeblich. Und so wird z. B. die traditionelle Medizin und **Naturheilkunde** auf Jamaika auch noch im 21. Jh. praktiziert. Das Wissen um die Heilkraft von Kräutern, wie die lindernde Kraft eines Aufgusses von Blättern von ›Shy me lady‹ bei Erkrankungen der Atemwege, wurde über Generationen meist von den Frauen tradiert. Kundige **Balm Mothers** praktizieren noch immer in Balm Yard genannten Höfen. Ihre Heilmethoden umfassen die Anwendung von Ölen, Kräutern und Rinden als Umschläge oder Tees genauso wie psychologische Betreuung.

Auf Jamaika üben auch noch einige **Obeah Men** ihre verbotenen Zauberpraktiken im Verborgenen aus. Sie rufen gegen Honorar dienstbare und mächtige Geister herbei und bringen mithilfe schwarzer Magie Unglück über missliebige Personen. Der Glaube an die geheime Macht der Zauberei ist in der jamaikanischen Bevölkerung durchaus weit verbreitet und geht, wie in der afrikanischen Heimat, noch heute durch alle Gesellschaftsschichten.

Einen wichtigen Platz im Alltagsleben nimmt auch **Anancy** ein, der Spinnengott. Seine Geschichten, seit Generationen mündlich überliefert, wurden erst von **Louise Bennet-Coverley**, der großen jamaikanischen Erzählerin, als Märchensammlung niedergeschrieben (›Anancy and Miss Lou‹, 1979). Der listige Spinnengott der westafrikanischen **Ashanti** ist an Bord der Sklavenschiffe mit über den Atlantik gekommen. Anancy kann verschiedene Gestalten annehmen, auch die von Menschen, er setzt nicht auf Gewalt, sondern auf Worte und versucht, seinen Gegner mit Witz zu besiegen. Das liebenswerte **Idol der Machtlosen** erlebt bis heute immer neue Abenteuer, und stellt unter Beweis, dass man sich mit einem findigen und lebhaften Geist gegen scheinbar überlegene Gegenspieler durchsetzen kann.

ne Faust sehr risikoreich. *Sinkholes*, Einbruchstellen unterirdischer Höhlen mit scharfzackigen Rändern, in ihrer Form an kreisrunde Hahnenkampfarenen, eben **Cockpits**, erinnernd, gaben der bizarren Landschaft ihren Namen. Hier lebten die **Leeward Maroons**, den Spaniern entlaufene Sklaven, die sich den Briten nicht unterwerfen wollten, sondern ihnen einen Jahrzehnte dauernden *Guerillakrieg* lieferten. Bei den Engländern war das kaum zugängliche Gebiet daher als ›The Land of Look Behind‹ bekannt, als ein Landstrich, in dem es angeraten schien, ständig zurückzublicken.

Ein Pfad, dessen genauer Verlauf nur Eingeweihten bekannt ist, quert das Terrain von den Windsor Caves im Norden bis nach Troy im Süden. Die **Cockpit Country Adventure Tours** (Tel. 876-610-08 18, www.stea.net) aus Albert Town im Südosten des Cockpit Country gehören zu den wenigen zuverlässigen Wanderführern. Sie bieten verschiedene Touren in die ursprüngliche Wildnis an, darunter auch Höhlenerkundungen.

Eine holprige Straße führt von Falmouth über Martha Brae und Sherwood Content nach *Windsor*. Eine Attraktion sind her die von Fledermäusen bewohnten **Windsor Caves** (www.cockpitcountry.com, Windsor Research Centre, Tel. 876-997-38 32). Die 3 km tiefen Kalksteinhöhlen sind nicht ausgeleuchtet und sollten nur partiell und mit festem Schuhwerk begangen werden. Der für die Höhlen zuständige *Cave Warden* (Gebühr) leuchtet mit einer Bambusfackel voran, welche die Stalakmiten, Stalaktiten, die Kathedralen und engen Passagen in flackerndes Licht taucht. Durch eine der Kammern rauscht ein unterirdischer Bach, der als Martha Brae River kurze Zeit später an die Erdoberfläche tritt.

7 Accompong

Hartes Leben und stolze Traditionen im Dorf der Leeward Maroons.

Im Süden des Cockpit Country, im *St. Elizabeth Parish*, liegt eine der bekanntesten Maroon-Siedlungen Jamaikas, von Falmouth aus über die B11 und B10, von MoBay über die B6 auf beschwerlicher Route zu erreichen.

An jedem 6. Januar kommen Maroons aus ganz Jamaika in Accompong zusammen. Sie feiern das **Maroon Festival** (Tel. 876-952-45 46, auch für Touren), den Jahrestag der Unterzeichnung des **Peace Treaty** von 1739, eines Friedensabkommens, das ihr Anführer *Cudjoe* mit den Briten unterzeichnet hatte. Den Rebellen, ihnen hatten sich auch viele von den englischen Plantagen geflüchtete Arbeitssklaven angeschlossen, wurden damals Landrechte und innere Autonomie zugesichert. Ihre **Unabhängigkeit** erkauften sie sich nach ihrem jahrzehntelangen Buschkrieg mit dem Versprechen, die Attacken einzustellen und keine flüchtigen Sklaven mehr aufzunehmen, sondern diese an die Plantagenbesitzer zurückzugeben und darüber hinaus bei der Unterdrückung etwaiger Sklavenaufstände zu helfen.

Ab in den Hades – die Windsor Caves sind Teil der Unterwelt des Cockpit Country

Das Fest ist sicherlich der beste Anlass, das Dorf der *Leeward Maroons* auf seinem steilen Hügel zu besuchen. An den Feierlichkeiten in der **Peace Cave**, wo der historische Vertrag unterzeichnet wurde, dürfen die Gäste zwar nicht teilnehmen, beim Fest selbst jedoch sind sie willkommen. Der dumpfe Klang der Ziegenfelltrommeln und der klagend-helle Ton der *Abeng*-Hörner begleiten den Umzug der Bewohner, die an den Hütten früherer *Colonels* (Anführer) ehrfurchtsvoll verharren, um dann am Dorfplatz die Ansprache des amtierenden Colonel zu hören. Anschließend reihen sie sich in die Vorführung traditioneller afrikanischer *Kriegstänze* ein. Am Abend ruft das Sound System mit lauter Musik zum *Dance*, die Party endet erst bei Sonnenaufgang.

Breezes

Ocho Rios und die Nordküste – von Paradiesgärten und Wasserfällen

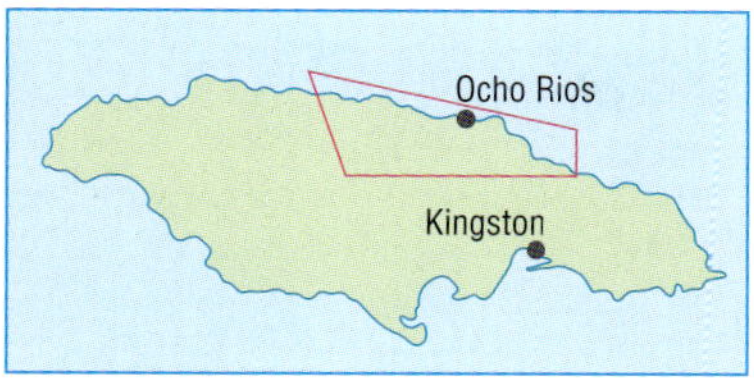

Kaum eine andere Region Jamaikas kann es mit der Nordküste in puncto Schönheit aufnehmen. Sie sieht aus, als hätte Flora ihr Füllhorn über den Hügeln und Tälern zwischen **Discovery Bay** und **Annotto Bay** ausgeschüttet. Prächtig präsentiert sich das satte Grün der Bäume und Pflanzen, wie Samt und Juwelen funkeln inmitten des Dschungels alle möglichen exotischen Blüten. Quellen des Reichtums sind die aus den Bergen des Inlands der Küste zustrebenden Flüsse, die sich vor allem um **Ocho Rios** als Wasserfälle wie den *Dunn's River Falls* schäumend ins Meer ergießen. Allenthalben entlang der Küste liegen wahre **Bilderbuchstrände** im Schatten von Palmen. Ocho Rios selbst ist eine der bedeutendsten Urlaubsmetropolen und der wichtigste Kreuzfahrthafen der Insel. Eine breite Palette von Hotels, Restaurants, Nachtklubs und ein vielseitiges Wassersport- und Ausflugsangebot lassen keine Freizeitwünsche offen. Als Ouvertüre dieser Symphonie liegen im Westen die kleinen Küstenorte Discovery Bay und **Runaway Bay**, die schon zu Kolumbus' Zeiten eine Rolle spielten. Ein wahres Pilgerziel für Reggae-Fans aus aller Welt ist das abgelegene Dorf **Nine Mile**, Heimatort von *Bob Marley* und seine letzte Ruhestätte. Einem Nationalhelden, dem Rastafari-Propheten *Marcus Mosiah Garvey*, wird nahe der ersten Hauptstadt Jamaikas, in **St. Ann's Bay**, gedacht. – Und auf einer Anhöhe in der Nähe von **Oracabessa** mit weitem Blick über die Bay von **Port Maria** hieß einst der englische Autor und Schauspieler Sir Noël Coward in seinem Haus *Firefly* illustre Gäste wie Marlene Dietrich, Winston Churchill und Sean Connery willkommen. Nahebei, in der Villa *Goldeneye*, schrieb einst Ian Fleming 14 Thriller über einen Agenten namens Bond – James Bond.

8 Discovery Bay

Kolumbus auf Wassersuche, Bauxitsilo und Badestrand an hufeisenförmiger Bucht.

In Discovery Bay, 64 km westlich von MoBay, soll **Christoph Kolumbus** im Jahr 1494 erstmals jamaikanischen Boden betreten haben. *Puerto Seco*, trockener Hafen, nannte der Entdecker die Bay, in die kein Fluss mündet. Die Ausflügler, die den Strand **Puerto Seco Beach** am Wochenende bevölkern, stört der Frischwassermangel nicht. Kolumbus und seine Mannschaft waren jedoch darauf angewiesen ihre Wasservorräte aufzufrischen, deshalb segelten sie weiter nach Westen, wo sie in der ›Bucht des Guten Flusses‹, die noch immer den Namen *Rio Bueno* trägt, am 4. Mai 1494 ankerten.

Seit 2004 gehört der größte Teil der Discovery Bay der **St. Ann Bauxite Limited** (SABL, ehemals Kaiser), die von Bauxitgruben im Inland gewaltige Mengen rötlicher, mineralhaltiger Erde in ein Silo mit 125 000 t Fassungsvermögen schafft, das am Rande der Bucht aufragt. Frachter legen regelmäßig an der Pier an, um den wertvollen Rohstoff für die *Aluminiumherstellung* in die USA zu verschiffen. Dieses staubbedeckte nüchterne Ambiente steht im krassen Gegensatz zu der lieblichen Landschaft. Am westlichen Rand der Bay, neben dem **Columbus Park** mit Gerätschaften aus der Kolonialzeit betreibt die University of the West Indies ein den Korallenriffen gewidmetes Marineforschungsinstitut.

◁ **Oben:** *Zu schön zum Weglaufen – das Strandidyll des Badeortes Runaway Bay*
Unten: *Im siebten Gärtnerhimmel – der Coyaba River Garden von Ocho Rios ist ein kleines Märchenland voller jamaikanischer Naturschönheiten*

Praktische Hinweise

Hotel

*******Grand Lido Braco Resort & Spa**, Rio Bueno, westlich von Discovery Bay, Tel. 876-954-00 00, Fax 876-954-00 20, www.grandlido.com. Wie ein (luxuriöses) Dorf aus der ›guten alten Zeit‹ ist diese All-inclusive-Anlage mit Strand, Riesenpool, Golfplatz und vielen Wassersportmöglichkeiten gestaltet.

9 Runaway Bay

Eine grüne Grotte und All-Inclusive-Resorts an langen Stränden.

Rund 8 km westlich von Discovery Bay liegt ein Ferienzentrum mit bedeutungsvollem Namen, über dessen Hintergrund die Historiker streiten. Während die einen vermuten, dass von dieser Bucht aus 1655 ein Kontingent der spanischen Kolonialarmee vor den britischen Eroberern nach Kuba floh, halten es andere für wahrscheinlicher, dass es sich um einen Fluchtpunkt fortgelaufener Sklaven handelte, die sich in den Höhlen verbargen, um dann mit Einbäumen auf Nachbarinseln zu entweichen.

Bevor man den eigentlichen Ort erreicht, laden eben jene Tropfsteinhöhlen namens **Green Grotto Caves** (Tel. 876-973-28 41, www.greengrottocavesja.com, tgl. 9–16 Uhr), zu einem Besuch ein. Im Rahmen einer Führung werden Stalaktiten und Stalakmiten ›zum Singen‹ gebracht und auf der Bootsfahrt über den kleinen See der *Green Grotto* kann man bei Fackelschein zu farblosen und blinden Fischen hinabschauen.

An den schönsten Abschnitten der mit **Sandstränden** geschmückten Runaway Bay verbreiten mehrere All-inclusive-Resorts Ferienstimmung, darunter auch HEART, die zu einem Resort gehörige renommierte Hotelfachschule der Insel. – Und die Tauchgründe vor der Küste gehören zu den besten Jamaikas.

Wahrzeichen von Discovery Bay ist der riesige, staubbedeckte Bauxitspeicher

Silbernes Metall aus roter Erde

Untersuchungen der roten Erde auf dem Gut des britischen Plantagenbesitzers Sir Alfred DaCosta bei Lydford im **St. Ann Parish** brachten es 1942 ans Licht: Das zentrale Binnenland von Jamaika zwischen den Santa Cruz Mountains im Süden und den Dry Harbour Mountains im Norden ist ein riesiges **Bauxitlager**. Anfang der 1950er-Jahre begannen dann nordamerikanische Gesellschaften das metallhaltige Erz, Rohstoff für die Gewinnung von **Aluminium**, im großen Stil abzubauen. Jamaika ist heute nach Australien und Guinea der drittgrößte Bauxitlieferant der Welt. Um an das **Rote Gold** zu gelangen, müssen die Vegetation und darüber liegende Erdschichten entfernt werden. Lastwagen oder Förderbänder bringen das Erdreich dann zu den Verarbeitungsbetrieben oder Häfen. Ein Drittel der Fördermenge wird sofort verschifft, zwei Drittel in den vier jamaikanischen Raffinerien ›gewaschen‹ und anschließend als Zwischenprodukt exportiert. Zunächst wird hierzu die Bauxiterde gemahlen, dann mit Hilfe eines alkalischen Aufschlussverfahrens das weiße Oxid **Alumina** erzeugt. Die Weiterverarbeitung zum Endprodukt Aluminium – aus dem geschmolzenen Oxid wird das Metall mittels Elektrolyse gewonnen – erfordert große Energiemengen und ist, da diese auf der Insel nicht bereitstehen, nur im Ausland möglich.

Der vom Bauxit zurückbleibende eisenhaltige rote Schlamm wird auf Jamaika in **Mud Lakes** wie dem Schlammsee bei Mandeville [Nr. 42] zum allmählichen Abtrocknen gesammelt. Die Bauxitfirmen sind verpflichtet, die geschundene Erde des einstigen Tagebaus zu rekultivieren. Stellenweise wurde das fruchtbare Bauxitland bereits wieder aufgeforstet oder es wurden saftige Wiesen angelegt, auf denen Kühe grasen. Bauxit ist nach dem Tourismus der wichtigsten Wirtschaftsfaktor der Insel.

Gezeichnet von den Strapazen der Seereise – heimkehrende Wassersportler am Strand des Breezes Runaway Bay

i Praktische Hinweise

Hotels

*****Royal Decameron Club Caribbean**, Runaway Bay, Tel. 876-973-48 02, Fax 876-973-64 39, www.decameron.com. Quirliger All-inclusive-Komplex am Strand mit rustikalen Cottages und Suiten, mit Disco und drei Bars.

*****Runaway Bay HEART Hotel**, 8 Ricketts Ave., Runaway Bay, Tel. 876-973-66 71, Fax 876-973-47 04, www.runawayheart.com.jm. Herberge im Plantagenhausstil (46 Zi.) in Hügellage. Das elegante Restaurant *Cardiff Hall* zelebriert karibische Küche. Angeschlossen ist die Hotelfachschule Jamaikas, guter Service ist also garantiert. Shuttle Service zum nahen Strand.

Restaurant

Seafood Giant, Main Street, Runaway Bay, Tel. 876-973-48 01. Ob Fisch in der Folie, Lobster, Fried Fish and Bammy oder Curried Shrimps, der Name des Lokals ist so gigantisch wie der Genuss.

10 Brown's Town

Lebhafter Markt am Kreuzungspunkt der Landstraßen.

Die Strandoasen hinter sich lassend, wendet man sich nach Süden in Richtung Dry Harbour Mountains. Die B3 führt von Runaway Bay durch ländliche Szenerie nach Brown's Town (14 km). Jeden Mittwoch, Freitag und Samstag breiten die Marktfrauen hier eine große Vielfalt an Früchten und Gemüse auf ihren Ständen, Karren oder Tüchern aus. Die gusseiserne viktorianische **Markthalle** kann längst nicht alle Anbieter aufnehmen, auch die angrenzenden Straßen sind von buntem Markttreiben erfüllt. in den Garküchen und auf den Grills brutzelt frischer Fisch, Reggae Music ertönt. Ein Stück des jamaikanischen Alltags jenseits der Urlaubswelt wird hier erlebbar.

Gesegneter Handel – die Kirche von Brown's Town wacht über die Geschäfte

Verlangen nach Vitaminen – an den Markttagen stehen Obst und Gemüse hoch im Kurs

11 Nine Mile

Wallfahrtsort für Reggae-Fans und Rastafari im grünen Hügelland.

Die Fahrt geht auf der Schlaglöcher gespickten B3 weiter gen Süden durch die Dry Harbour Mountains, ab Alexandria dann exakt 9 Meilen in Richtung Osten und schon ist Nine Mile erreicht, der Geburtsort des Reggae-Superstars **Bob Marley** (1945–1981). In dem kleinen, ärmlichen Straßendorf verbrachte Robert Nesta Marley seine Kindheit. Mit 15 Jahren zog er dann mit seiner Mutter nach Kingston, kehrte aber zuweilen hierher zurück, um abseits vom Trubel der Metropole das Landleben zu genießen. Auch seine letzte Ruhestätte fand der im Alter von 36 Jahren verstorbene Musiker und Rastafari hier, in einem winzigen Mausoleum, das mit allerlei Memorabilia und einer äthiopischen Flagge dekoriert ist. Es ist Teil des **Bob Marley Centre & Mausoleum** (Tel. 876-843-04 98, tgl. 8.30–17.30 Uhr), einer Art Wallfahrtsort, zu dem auch sein Geburtshaus gehört. Der lebensfrohe, Fußball spielende Bandleader wurde schon zu Lebzeiten von vielen geliebt und bewundert, heute wird er geradezu wie ein von Gott Gesandter verehrt, wie man im Rahmen der 30-minütigen Führung erfährt. Der Stein, auf dem Marley seine Inspirationen fand und wo er lernte Gitarre zu spielen, heißt heute *Mount Zion Stone*. Zu Marleys Geburtstag am **6. Februar** finden in Nine Mile und auf ganz Jamaika Gedächtnisevents statt.

Sanftes Ruhekissen – auf diesem ›Mount Zion Stone‹ in Nine Mile soll Bob Marley als Junggenie Gitarre gespielt haben

12 St. Ann's Bay

Erste spanische Kolonialhauptstadt und Geburtsort von Marcus Mosiah Garvey.

Auf dem Weg zur Hauptstadt des St. Ann Parish wird der Naturfreund einen Abstecher zum **Cranbrook Flower Forest & River Head Adventure Trail** (Laughlands, Tel. 876-770-80 71, www.cranbrookff.com, tgl. 9–17 Uhr) machen. Das Landschaftsidyll am Little River ist geschmückt mit herrlichen Pflanzen und Blumen. Die Polo-Kenner werden eine Meile weiter einen Stopp einlegen: Der **Chukka Cove Polo Club** ist einer von sechs Clubs auf der Insel, bei den Spielen (Sa) sind Zuschauer willkommen. Zu den Turnieren kommen Mannschaften aus aller Welt. Der Club ist auch Sitz der **Chukka Caribbean Adventures** (Tel. 876-972-25 06, www.chukkacaribbean.com). Zum Ausflugsangebot gehören Jungle River Tubing, Canopy Tours (am Seilzug durch die Wipfel des Regenwaldes), Kanufahrten, Jeep- und Mountainbike-Touren und eine von Bob Marley Songs untermalte Fahrt nach Nine Mile mit einem aufgemöbelten Country Bus, dem *Zion Bus*.

Und – kurz vor St. Ann's Bay liegt das Dorf **Priory**, das wegen seiner Beach Party am Sonntag Abend in aller Munde ist.

Doch nun zurück in die Vergangenheit: Als die Spanier im Jahre 1509 die Hauptstadt ihrer Kolonie Jamaika nahe dem westlichen Ortseingang des heutigen **St. Ann's Bay** errichteten, lebten hier bereits Arawak in einer Siedlung namens *Maima*. Der Standort für das spanische

Coyaba oder der Himmel über Xaymaca

Damals, als die Arawak-Indianer vom Volk der Taino die schöne Insel im Karibischen Meer bewohnten, herrschte Frieden. Sie nannten sie **Xaymaca**, ›Land aus Wald und Wasser‹ und lebten gut von ihren Früchten. Bis hierher war es eine weite Reise gewesen, denn die Arawak kamen ursprünglich aus dem Mündungsgebiet des **Orinoco** im heutigen Venezuela. Nachdem sie einige andere karibische Inseln besiedelt hatten, ließen sie sich um 600 auch auf Jamaika nieder. Als **Christoph Kolumbus** 1494 die Insel ›entdeckte‹, lebten rund 100 000 Arawak hier, wie über 230 Fundstätten bezeugen. Jeweils mehrere Großfamilien wohnten in einer Siedlung zusammen, betrieben Landwirtschaft (Mais, Yam, Cassava) und Fischfang, webten Stoffe für Kleidung, Segel und Hängematten aus den Fasern der Seebaumwolle und bauten Kanus, in denen bis zu 50 Personen Platz hatten. In ihrer Freizeit trugen sie **Ballspiele** mit zwei Mannschaften und einer Kautschuk-Kugel aus. Oberster Gott ihrer **Religion** war der Sonnengott und ihr Paradies und Reich der Toten, das war der Himmel, den sie **Coyaba** nannten.

Die Kolonisierung durch die Spanier aber richtete die Arawak durch schwere Arbeit und Krankheiten bald zugrunde.

Güldene Lichtgestalt – die Statue des Entdeckers Kolumbus in St. Ann's Bay

Als die Briten 1655 die Insel eroberten, galten sie bereits als ausgestorben. Die Erinnerung an das friedliche Volk, das in seiner Sprache kein Wort für Krieg kannte, lebt in Berichten des Kolumbus, in wenigen Felszeichnungen wie in der **Mountain River Cave** [Nr. 37] und in Funden von Gebrauchs- und Kultgegenständen fort. Außerdem wurden einige Worte ihres **Sprachschatzes** tradiert, wie z. B. Canoe (Kanu), Hammock (Hängematte), Hurricane (Hurrikan) und Tobacco (Tabak). Und vielleicht stimmt es ja sogar, was einige Jamaikaner noch heute stolz versichern, dass in ihren Adern Arawak-Blut fließe.

Sevilla la Nueva allerdings – Reste der Siedlung wurden in Küstennähe ausgegraben – war nicht gut gewählt. Die Niederungen erwiesen sich als ungesund. Schon 1534 zog die Kolonialregierung an die Südküste und beim heutigen *Spanish Town* [Nr. 36] wurde die neue Hauptstadt errichtet. Die Ausgrabungen und die Sammlung des **Seville Great House and Heritage Park** (Tel. 876-972-21 91, tgl. 9–17 Uhr) geben interessante Einblicke in die Geschichte der ersten Kapitale.

Am nahen *Kreisverkehr* zweigt die **Main Street** St. Ann's Bays von der Umgehungsstraße ab. Der Ort liegt auf einem Hügel über der Küste. Zunächst gewahrt man das **Columbus Monument**. Es erinnert an das Jahr 1503, als der Entdecker bei der Rückkehr von seiner vierten Reise hier Schiffbruch erlitt und 12 Monate bis zu seiner Rettung festsaß. Dann geht es entlang der Main Street ins Zentrum mit dem eleganten *Courthouse* (1866) und der *Markthalle*, in der vormittags lebhaftes Treiben herrscht, und weiter zur *Library* im Osten der Stadt. Hier erhebt sich die **Bronzestatue** des berühmtesten Sohnes von St. Ann's Bay, des Nationalhelden **Marcus Mosiah Garvey** (1887–1940). Garvey hatte in den USA 1918–20 eine panafrikanische Erneuerungsbewegung ins Leben gerufen, die UNIA oder Universal Negroe Improvement Association. Ziel seiner Bemühungen um die *Black Consiousness* waren die Besinnung der Farbigen auf ihre afrikanische Heimat und die Förderung schwarzer Wirtschaftsinitiativen. Seine Schiffsflotte ›Black Star Line‹ sollte den Entwurzelten die Rückkehr ermöglichen. Bald wurde Garvey von den Regierungen der USA und Großbritanniens als Aufrührer verfolgt. Er starb als armer, gescheiterter Mann in England. Selbst in der jamaikani-

Black Moses – Garveys prophetische Worte inspirierten die Rastafari

schen Heimat hatte Garvey kaum Anerkennung erfahren, die **Rastafari** allerdings verehrten ihn bald als Propheten ihrer Bewegung, denn er hatte das Erscheinen eines schwarzen Königs und Erlösers geweissagt [s. S. 104]. Musikalische Denkmale werden ihm noch heute gesetzt, z. B. von dem Sänger Winston Rodney alias *Burning Spear*, der ebenfalls aus St. Ann's Bay stammt und das Motto Garveys ›One God, One Aim, One Destiny‹ zum Leitmotiv erhob.

i Praktische Hinweise

Hotel

******Seacrest Beach Hotel**, Richmond Estate, Priory, Tel. 876-972-15 94, Fax 876-972-8973, www.seacrestresorts.com. Kleine Anlage am Strand.

Polo Paradise – in Windeseile fegen die Spieler über den Rasen von Chukka Cove

13 Ocho Rios

Plan Seite 48

In üppiges Grün gebettete Urlaubsmetropole zwischen Kaufrausch und Wasserfällen.

Der einstige Fischerort und Bauxithafen Ocho Rios gehört heute zu den großen Urlaubsmagneten Jamaikas und nimmt in puncto Besucherzahlen (aufgrund des Kreuzfahrttourismus, s. u.) hinter Montego Bay den zweiten Rang ein. Jenseits des türkisblauen Meeres und weißer Pudersandstrände bilden perlende Wasserfälle, paradiesisch-bunte botanische Gärten und prachtvoll-idyllische Plantagen die größten Kostbarkeiten in der vielfältigen landschaftlichen Kulisse der Stadt.

Wer zählt die Flüsse

Der spanische Name Ocho Rios, ›acht Flüsse‹, gibt Rätsel auf, denn mehr als drei Wasserläufe wird man auch bei intensiver Suche in der Umgebung des Ortes nicht finden. Vermutlich geht die Bezeichnung eher auf *Chorreras* (span. für Stromschnellen) zurück und wurde wohl im Laufe der Zeit entsprechend umgeformt. Trotz seines alten Namens hat Ocho Rios übrigens wenig Relikte aus alten Zeiten aufzuweisen. Die Spuren der blutigen Scharmützel 1655–60 zwischen den Soldaten des spanischen Gouverneurs *Don Cristobal de Yassasi* und den englischen

Rosarot in Ocho Rios – aus dem Baukasten scheinen die von Stränden und opulenter Vegetation gerahmten Klötze des Sunset Jamaica Grande Resort zu stammen

Eroberern von Jamaika sind längst verschwunden. Die Ruinen eines britischen Forts gegenüber dem alten Bauxitpier, einst zur Verteidigung gegen mögliche Angriffe der Spanier errichtet und später zum Schutz vor den feindlichen Franzosen ausgebaut, werden von alten Kanonen bewacht. Ab 1952 weckte der Verladehafen der Bauxitfirma Reynolds das Dorf erstmals aus dem Dornröschenschlaf, in den 1970er-Jahren begann seine Blütezeit. Heute ist die Attraktion der kurz **Ochi** genannten Stadt ihr attraktives Ambiente mit großem Freizeit- und Vergnügungsangebot.

Turtle Beach und Einkaufswahn

Im wichtigsten Kreuzfahrthafen Jamaikas liegt fast immer eines der schneeweißen Hotelschiffe an der **Cruise Ship Pier** 1. Häufig ist sogar die **Reynolds Pier** 2, an der einst Bauxit- und heute gelegentlich Zuckerfrachter festmachen, zusätzlich von einem Cruise Ship belegt. Dutzende von Minibussen und Taxen stehen für die erlebnishungrigen Kreuzfahrer bereit, um sie zu den Sehenswürdigkeiten zu kutschieren. Ocho Rios wird im Jahr von über 300 Kreuzfahrtschiffen mit etwa 800 000 Passagieren besucht. Gleich beim Pier lädt das **Island Village** 3 (Tel. 876-675-89 95, www.islandjamaica.com) zum Besuch ein. Das im Retrostil gestaltete karibische Dorf mit seinen Holzhäuschen bietet allerlei Geschäfte, Bars und Restaurants, eine Konzertbühne, ein Kino, ein Internetcafé und einen schönen Strand. Das Museum **Reggae XPlosion** (Tel. 876-974-83 53, tgl. 10–17 Uhr) informiert anhand von Videos, Interviews, Soundtracks und Fotos über die jamaikanische Musikgeschichte und ihre Stars. Das hippe Lokal **Margaritaville** mit Pool und Meerblick verwandelt sich nachts in die In-Disco von Ochi.

TOP TIPP

Entlang der Main Street liegen mehrere Shopping Center, z. B. die **Taj Mahal Plaza** 4, die alteingesessene **Ocean Village Plaza** 5 oder die **Soni's Plaza** 6. Sie bieten zollfreie Markenfabrikate internationaler Parfüm-, Schmuck- oder Modeproduzenten an. Kunsthandwerk und Souvenirs findet man auf dem **Craft Market** 7, wo sogar in windeseile maßgefertigte Basthüte geflochten werden, während die Käufer zusehen.

Einige Apartmenthotels und Guesthouses gruppieren sich im Zentrum um die *Ocho Rios Bay*. An deren östlichem Ende, bei The Point, erheben sich die beiden Hochhäuser des *Sunset Jamaica Grande Resort*, mit 730 Zimmern bislang größten Hotels der Insel. Am breiten si-

Ein weißer Riese kommt selten allein – in Ocho Rios ankern Traumschiffe mit Tausenden von Passagieren, die die Insel im Zeitraffer erleben wollen. Hier ein Blick von der UDC Beach

chelförmigen Strand **UDC Beach** oder **Turtle Beach** 8, den schon lange keine Schildkröten mehr besuchen, werden alle möglichen Arten von Wassersport angeboten. Kleinere Strände in der sich östlich anschließenden **Mallards Bay** 9 werden von Hotels vereinnahmt. Das Korallenriff, das sich von Ocho Rios aus bis weit nach Osten zieht, bietet einige gute Schnorchel- und Tauchmöglichkeiten.

Immer um den Uhrturm rum

Die Main Street und der parallel verlaufende DaCosta Drive führen zum Kreisverkehr und zum stets wie ein Bienenkorb vor Aktivität summenden *Market*. Hier, um den **Clock Tower** 10, ist immer etwas los. Taxifahrer warten auf Kundschaft, Händler bieten Getränke und Snacks an, aus Bars schallt Musik. Die

Karibische Kreativität – im Souvenirdschungel des Craft Market von Ocho Rios

Die Zeit steht still – doch nur am Clock Tower, denn Ocho Rios eilt gerade in den Feierabend

Main Street führt vom Zentrum die Küste entlang nach Osten. Sie wird gesäumt von Supermärkten, Restaurants, kleinen Malls, Hotels und Guesthouses. Schon fast am Stadtrand passiert sie dann die versteckt inmitten üppiger Grünanlagen liegenden Luxusherbergen von Ocho Rios mit ihren herrlichen Stränden. Gleich gegenüber dem Hotel *Royal Plantation* befinden sich die **Irie FM Studios** 11 (Coconut Grove, Tel. 876-974-50 51, www.iriefm.net). Der 1990 gegründete Reggae-Radiosender sorgt für jede Menge Hits und gute Laune.

Berauschende Fälle und fantastische Flora

Die größten Schmuckstücke Ochis gibt es außerhalb des Zentrums zu bewundern. Gen Westen erreicht man TOP TIPP **Dunn's River Falls & Park** 12 (Tel. 876-974-28 57, www.dunnsriverfallsja.com, tgl. 9–17 Uhr) mit der wohl berühmtesten Naturattraktion Jamaikas. Beschattet von Baumriesen sprudelt und schäumt der Wasserfall des Dunn's River eine 200 m hohe Riesentreppe aus buckligen Kalksteinfelsen hinab zur Küste. Auf seinem Weg fängt sich das klare Nass immer wieder in tiefen Becken, von deren Rand es weiter hinabgleitet, um schließlich am schneeweißen Strand ins Meer zu münden. Vom Eingang aus gelangt man, vorbei an Craft Market und Restaurants, zu den Kaskaden, die flankiert von einem Fußweg inmitten eines tropischen Gartens liegen. Sie sind bevölkert von Urlaubergruppen, die von einem Führer geleitet die romantische Wasserkulisse hinaufklettern (nicht vergessen: Badekleidung und rutschfeste Badeschuhe).

Sie folgen dem Lockruf des Wasserfalls – kein Lachs kann das nachvollziehen, doch Schwärme tapferer Pioniere erklimmen täglich die Kaskaden der Dunn's River Falls

Rasta im Wunderland – der jamaikanischen Fantasiemalerei sind keine Grenzen gesetzt

Am benachbarten Strandabschnitt lädt die **Dolphin Cove** ⑬ (Tel. 876-974-53 35, www.dolphincovejamaica.com, tgl. 8.30–17.30 Uhr, Delphin-Schwimmen tgl. 9.30, 11.30, 13.30, 15.30 Uhr, Voranmeldung empfohlen) zur Begegnung und sogar zum Schwimmen mit Delphinen ein. Desweiteren kann man sich auf dem *Jungle Trail* durch den herrlichen Park führen lassen und erfährt dabei Wissenswertes über Flora und Fauna Jamaikas, sieht Reptilien, Fische und Vögel.

In den Hügeln südwestlich vom Zentrum laden die **Shaw Park Gardens** ⑭ (Tel. 876-974-27 23, www.shawparkgardens.com, tgl. 8–17 Uhr) in ein Zauberreich tropischer Fauna ein. Der botanische Garten mit schönem Blick auf Ocho Rios, mit romantischem Wasserfall, imposanten Baumkolossen, Riesenfarnen, farbenprächtigen Blüten und munteren Kolibris gehörte einst zu einer Zuckerrohrplantage, später stand hier ein Hotel. Archäologen nehmen an, dass an dieser Stelle bereits eine Arawak-Siedlung existierte.

Die Straße windet sich weiter den Hügel hinauf zu **Coyaba River Garden and Museum** ⑮ (Shaw Park Ridge Rd., Tel. 876-974-62 35, www.coyabagardens.com, tgl. 8–17 Uhr), einem himmlischen Ort – wie Coyaba in der Sprache der Arawak heißt. Neben dem im spanischen Stil gestalteten kleinen *Museum* mit Exponaten zur indianischen Frühgeschichte und zur Sklavenzeit beeindrucken den Besucher die Ruhe, die schattige Kühle und das üppige Grün der 2 ha großen Anlage mit ihren Spazierpfaden, Bächen, den von Fischen bevölkerten Teichen und den *Mahoe Falls*. Ein *Café* bietet Snacks, der *Shop* schönes Kunsthandwerk.

Wie ein verwunschener Canyon wirkt der 5 km lange **Fern Gully** ⑯. Den urweltlichen einstigen Flusslauf hinauf geht es vorbei an baumhohen *Farnen*. Ihnen zu Füßen wachsen andere Farnarten in kleinen Büscheln zwischen Moosen und schwarzen Felsbrocken, und die Canyonwände triefen oft vor Feuchtigkeit. Die Pflanzenwelt des Gully hat allerdings durch die seinem Verlauf folgende Straße, die A1 Richtung Spanish Town, sehr gelitten. Erst wenn der neue Highway mit anderem Streckenverlauf fertig gestellt sein wird, kann der Gully wieder aufgeforstetet werden. Er wird dann als Naturdenkmal zu besichtigen sein.

Flussidylle und Plantagenharmonie

An der Grenze der Parishes St. Ann und St. Mary, 3 km östlich von Ocho Rios, fließt der **White River** ⑰ gemütlich ins Karibische Meer. Zu einer 45-minütigen Floßtour auf dem Unterlauf des Flusses lädt

Calypso Rafting (Tel. 876-974-25 27, www.calypsorafting.com, tgl. 8.30–16.30 Uhr) ein. Etwas weiter oberhalb, bei Bonham Spring Farm, sind die Ufer des White River, der hier Kaskaden und türkisfarbene Naturpools bildet, zu einem hübschen Strandbad umgestaltet worden. **Irie Beach** 18 (tgl. 10–17 Uhr, mit Restaurant) liegt inmitten üppiger Vegetation und ist ein beliebtes Ausflugsziel jamaikanischer Familien.

Die Besichtigung der **Prospect Plantation** 19 (an der A3, 7 km östlich von Ocho Rios, Tel. 876-994-10 58, tgl. 8–16 Uhr, Touren Mo–Sa 10.30, 14, 15.30 Uhr, Voranmeldung empfohlen) ist entspannend und lehrreich zugleich. In einem Farmwagen fährt man an Pflanzungen mit Bananen, Zuckerrohr, Kaffee, Kakao, Cassava und Kokospalmen vorbei. Man kann das Anwesen aber auch auf Wanderpfaden oder bei einem Ausritt erkunden. Und wie wäre es mit einem Patenbaum? Wer etwa 50 US$ spendet, weiß seinen Setzling in guter Gesellschaft neben den einst von Charlie Chaplin, Winston Churchill oder Henry Kissinger gepflanzten Bäumen. Von *Sir Harold's View* Point, dem Lieblingsausguck des englischen Politikers, Wirtschaftskapitäns und einstigen Besitzers der Plantage, Sir Harold Mitchell, genießt man den herrlichen Panoramablick über die grünen Hügel aufs Meer, an klaren Tagen sogar bis nach Kuba. Das *Great House* und fünf Villen am Meer können als Ferienhäuser gemietet werden (Tel. 876-994-13 73, Fax 876-994-14 68, www.prospectvillas.com).

Kurz hinter Prospect Plantation liegt linker Hand die Zufahrt zum **Reggae Beach** 20 (tgl. 9–17 Uhr). Der schöne Strand an einer malerischen Bucht mitten im Grünen ist wegen seiner entspannten Atmosphäre bei Jamaikanern sehr beliebt. Zu der von Rastas betriebenen Anlage gehört eine Bar, an der man auch *Fried Fish and Festival* ordern kann. An manchen Abenden finden Beach Parties oder Live Shows statt.

Im nahen *Tower Isle* steht **Harmony Hall** 21 (Tel. 876-974-28 70, www.harmonyhall.com), das frühere Herrenhaus einer Pimentoplantage. In der 1886 im viktorianischen Lebkuchenstil erbauten und mit filigranem Schnitzwerk verzierten Villa befindet sich auch eine interessante *Galerie* (tgl. 10–18 Uhr) für jamaikanische Kunst. Bekannt ist Harmony Hall außerdem wegen *Toscanini*, seinem exzellenten Restaurant.

Architekturharmonie – die zierliche Harmony Hall mit Galerie und Restaurant

i Praktische Hinweise

Flughafen

Boscobel Aerodrome, Tel. 876-975-31 01, 876-726-13 44. Regionalflughafen 15 km östlich von Ocho Rios.

Ein Mann in der Blüte seiner Jahre – der Stelzenakrobat im Blumen- und Farnkostüm ist eine Institution des Fern Gully

High Life und Hochseejachten – Urlaubstrubel am Sunset Jamaica Grande

Bus

Transportation Centre, hinter dem Market. Minibusse nach Montego Bay, Oracabessa, Kingston etc.

Taxi

JUTA, Tel. 876-974-22 92

Einkaufen

Wassi Art Pottery Works, Bougainvillea Dr., Great Pond, Ocho Rios, Tel. 876-974-50 44, www.wassiart.com, Mo–Sa 9–17 Uhr, Führungen jederzeit. Schöne Künstler- und Gebrauchskeramik mit opulentem karibischen Design, entworfen, produziert und bemalt in der hauseigenen Werkstatt, präsentiert die vielfältige Bildwelt Jamaikas.

Touren

Tourwise, 103 Main St., Ocho Rios, Tel. 876-974-23 23. Ortsrundfahrten und Touren über die Insel. Außerdem Bootsausflüge und Sunset Cruises.

Nachtleben

TOP TIPP **Amnesia**, 70 Main St., Ocho Rios, Tel. 876-974-26 33. Disco mit viel Lokalkolorit, mitreißender Musik und einer großen Terrasse zum Abkühlen mit Bar und Bühne. Die Ladies Night am Donnerstag lockt sogar Dancehall Fans aus Kingston hierher. Samstags werden häufig Live Shows, Dance Competitions etc. geboten.

Margaritaville, Island Village, Main St., Ocho Rios, Tel. 876-675-88 00, www.margaritavillecaribbean.com. Hübsche In-Disco (tagsüber Restaurant) mit Pool und Holzveranda am Strand, die ideale Kulisse für coole Party People. Mittwochs Pool Party.

Ocean's 11, Lot 6, Fisherman's Point Rd., Ocho Rios, Tel. 876-974-68 96. Beliebte Bar auf einer Terrasse über dem Strand beim Island Village mit Musik und schönem Blick auf Ochis Hafen und Hügelkulisse.

Hotels

TOP TIPP *******Royal Plantation**, Main St., östlich vom Zentrum, Ocho Rios, Tel. 876-974-56 01, Fax 876-974-59 12, www.royalplantation.com. Seit 2004 das erste Mitglied der *Leading Hotels of the World* in Jamaika: Das stilvoll-charmante Traumhotel mit britisch-kolonialem Flair verfügt über drei Gourmet Restaurants und eine Kaviar & Champagner Bar. Die 77 großen luftigen Suiten mit Balkon blicken aufs Meer. Ein herrlicher tropischer Garten und zwei Strände mit Bar und Butler Service, großes Wassersport- und Wellnessangebot sowie zwei Villen runden das Bild ab.

*******Jamaica Inn**, Ocho Rios, Tel. 876-974-25 14, Fax 876-974-24 49, www.jamaicainn.com. Das elegante Hotel mit herrlichem Strand gilt vielen als das schönste Jamaikas. Alle Suiten und Cottages haben Meerblick, einige liegen malerisch auf einer Felszunge über dem Meer. Zu den Annehmlichkeiten gehört auch der KiYara Ocean Spa.

TOP TIPP ****Hibiscus Lodge Hotel**, 83 Main St., Ocho Rios, Tel. 876-974-26 76, Fax 876-974-18 74. Hübsches Hotel mit familiärer Atmosphäre. In Zentrumsnähe und doch ruhig auf Klippen über dem Meer gelegen, mit hübschem Garten, Pool, Bar und hervorragendem Restaurant. Über Treppen gelangt man zur Sonnenterrasse mit Steg am Meer.

****Ocean Front Resort**, Mammee Bay Estate, Ocho Rios, Tel. 876-972-18 54, Fax 876-794-91 64, www.onestopjamaica.com. Kleine Anlage westlich von Dunn's River Falls in großem Garten auf den Klippen mit Pool und spektakulärem Blick auf Ochi (5 Min. zum Sandstrand).

Restaurants

Almond Tree Restaurant, Hibiscus Lodge Hotel, 83 Main St., Ocho Rios, Tel. 876-974-28 13. Spitzenrestaurant mit jamaikanischen und internationalen Gerichten. Nette Bar auf der Terrasse über dem Meer.

Evita's, Eden Bower Rd., Ocho Rios, Tel. 876-974-23 33. Große Auswahl an Pasta und anderen italienischen Spezialitäten, schöner Blick auf die Bay.

Ocho Rios Jerk Center, 8 DaCosta Dr., Ocho Rios, Tel. 876-974-25 49. Feurig gegrilltes Hühnchen, Schweinefleisch oder Fisch und eiskaltes Red Stripe Beer gehören hier zusammen.

The Ruins at the Falls, 17 DaCosta Dr., Ocho Rios, Tel. 876-974-88 88, www.ruinsjamaica.com. Romantischer als hier an den Eden Falls kann man kaum speisen. Geboten werden köstliche jamaikanische und chinsesiche Gerichte, natürlich auch Seafood.

TOP TIPP **Toscanini**, Harmony Hall, Tower Isle, 7 km östlich von Ocho Rios, Tel. 876-974-28 70. In dem früheren Plantagenhaus wird wunderbare norditalienische Küche zelebriert (Mo geschl., Reservierung empfohlen).

14 Oracabessa

Goldenes Haupt mit goldenem Auge und einem rosigen Zukunftsplan.

Die Nachmittagssonne taucht die Küste mit ihren grünen Hügeln in ein goldenes Licht. Goldenes Haupt, *Ora Cabeza*, tauften die Spanier wohl deshalb den Landstrich etwa 25 km östlich von Ocho Rios. Der zu Beginn des 20. Jh. als Bananenhafen bedeutende Ort Oracabessa, an der Küstenstraße A3 gelegen, schlief lange vor sich hin. In den 1970er-Jahren versuchte man hier einen Tiefwasserhafen zu bauen, doch die Meeresströmung ließ die ausgebaggerten Hafenbecken stets wieder versanden. Seit Jahren arbeitet **Chris Blackwell**, Gründer des Plattenlabels Island Records und einst Musikproduzent für Bob Marley und andere Reggae-Größen, mit seiner Firma *Island Outpost* und der *Oracabessa Foundation* (Tel. 876-975-33 93, www.islandoutpost.com) an der Verbesserung der Infrastruktur der Stadt, der Förderung von Bildung und Handel und der Umgestaltung der Oracabessa Bay zum Natur- und Freizeitpark. Bereits verwirklicht wurden der *Island Sport Trust*, ein Sportförderprogramm, und die Anlage des **James Bond Beach** (Tel 876-975-36 65, www.islandjamaica.com, Di–So 9–17 Uhr). Neben zwei Stränden, gerahmt von herrlicher Hügelkulisse, gibt es ein Restaurant, Wassersportangebote und eine Konzertbühne. 2006 wurde am Rand der Bucht **Stingray City** (Tel. 876-726-16 30, www.stingraycityjamaica.com, als Tour auf Voranmeldung) eröffnet. Hier kann man unter Anleitung mit Stachelrochen schwimmen und sie streicheln.

Der Name James Bond Beach erinnert an keinen Geringeren als den berühmten Geheimagenten 007 und dessen Schöpfer **Ian Fleming** (1908–1964). Der britische Autor war selbst im Geheimdienst tätig und schloss 1942 mit Jamaika Bekanntschaft. Vier Jahre später kaufte er unweit des heutigen Strandes eine Villa, die er **Goldeneye** nannte und bis zu seinem Tode 1964 während der Winterzeit bewohnte. Hier schrieb er alle 14 James-Bond-Romane, von denen einige auch auf der Insel spielen. Selbst der Name des Top-Agenten 007 stammt aus Jamaika. Ian Fleming bezog sich auf den Ornithologen und Autor von ›Vögel der westindischen Inseln‹ (eines seiner Lieblingsbücher) mit Namen Bond – James Bond. Goldeneye (Tel. 876-975-33 54, Fax 876-975-36 20, www.islandoutpost.com) ist heute eines der kreativ gestalteten Anwesen von Island Outpost, bis 2008 wird es zu einem Komplex mit mehreren Villen, Cottages, Suiten und Spa ausgebaut.

Einen atemberaubenden Blick voraus auf die Bucht von Port Maria und das dramatische Küstenprofil hat man TOP TIPP von **Firefly** (Tel. 876-725-09 20, Mo–Do Sa 9–17 Uhr), dem Glühwürmchen genannten Wohnsitz des britischen Multitalents **Sir Noël Coward** (1899–1973) auf einem Hügel östlich von Oracabessa. 18 Jahre hat der Bühnenautor, Kompo-

Wie eine Szene aus vergangenen Tagen – gemütlich sitzt die Bronzefigur Noël Cowards im Garten der Villa Firefly

nist, Chansonier und Schaupieler hier gelebt, gearbeitet und vornehme Gäste empfangen, darunter auch die Queen Mother. Das im englischen Cottage-Stil erbaute Haus ist heute Museum und kann im Rahmen einer *Führung* besichtigt werden. Coward hat im Garten, unter einer Steinplatte, seine letzte Ruhestätte gefunden. Ein Bronzedenkmal zeigt ihn entspannt auf einem Stuhl sitzend, mit Blick auf die schöne Küstenlandschaft und das Meer.

i Praktische Hinweise

Touren

Sun Valley Plantation Tours & Trails, Crescent Estate, Orcabessa, Tel. 876-995-30 75, tgl. 9–14 Uhr Eine Führung über die Plantage macht mit den tropischen Früchten und der Geschichte des Anwesens vertraut. Anschließend wird ein Imbiss mit Ackee & Saltfish gereicht.

Hotels

*******Beaches Boscobel**, bei Oracabessa, Tel. 876-975-77 77, Fax 876-975-76 22, www.beaches.com. Familienfreundliches All-inclusive-Strandresort mit diversen Sportmöglichkeiten und fünf Restaurants.

****Tamarind Great House**, Crescent Estate, 6 km südl. von Orcabessa, Tel. 876-995-32 52, tamarind@mailja.com. Romantische Zimmer in einem alten Herrenhaus bei Sun Valley mit Panoramablick, Bar, Pool und Restaurant.

Room with a View – ein fantastischer Fernblick auf die malerische Bucht von Port Maria bietet sich vom Garten des Firefly

15 Port Maria

Einst wichtiger Bananenhafen, heute regionales Marktzentrum.

Wenige Kilometer östlich von Oracabessa liegt Port Maria, die Hauptstadt des *St. Mary Parish*, an seiner halbrunden Bucht, von Bergen gerahmt und mit einer kleinen Insel geschmückt. Der berüchtigte Freibeuter und spätere Gouverneur von Jamaika, Henry Morgan, war einst Herr dieser malerischen Szenerie, die heute von der *St. Mary's Parish Church* (1861) im Westen beherrscht wird. Ein Denkmal vor dem gegenüberliegenden *Courthouse* (1820) erinnert an ›Tacky's Rebellion‹ von 1760. Tacky, einst Häuptling der kriegerischen Coromantee, hatte mit Hunderten anderer versklavter Afrikaner vergeblich versucht, die Herrschaft der weißen Plantagenbesitzer zu brechen. Er starb im Kugelhagel seiner Verfolger.

Der **Hafen** von Port Maria, bereits von den Spaniern als Puerto Santa Maria gegründet, galt bis in die 1930er-Jahre als einer der wichtigsten *Bananenhäfen* der Nordküste. Die Zeiten sind längst vorbei, und die Stadt – ihr großes Ereignis ist der *Samstagsmarkt* – scheint darauf zu warten, dass ein Prinz sie wachküsst.

Etwa 4 km südwestlich des Ortes breitet sich in den Hügeln die 1817 gegründete Zuckerrohrplantage **Brimmer Hall** (Tel. 876-994-23 09, tgl. 8–16 Uhr, Touren 11.30, 13.30, 15 Uhr,) aus. Zu besichtigen sind das gediegen eingerichtete hölzerne *Great House* und die Pflanzungen, in denen Früchte sowie Kaffee- und Kakaosträucher wachsen. Die Bar am Pool ist berühmt für ihre Cocktails und das *Plantation Tour Eating House* lädt zum leckeren jamaikanischen Lunch ein.

Auf der Weiterfahrt nach Annotto Bay, lohnt ein Abstecher nach *Robins Bay*. Das winzige Dorf mit zwei Guesthouses und zwei Bars ist Ausgangspunkt für schöne Wanderungen entlang der malerischen Küste zu einsamen Badebuchten und versteckten Wasserfällen.

Gottesburg – die neoromanische St. Mary's Parish Church (19. Jh.) von Port Maria

i Praktische Hinweise

Unterkunft

River Lodge, Robins Bay, Tel. 876-995-30 03, www.river-lodge.com. Zimmer in einem urigen Fort aus dem 17. Jh. und nahebei zwei Cottages mit Meerblick. Jamaikanische Küche als Halbpension.

16 Annotto Bay

Versteckte Strände nicht weit vom ehemaligen Zuckerhafen.

Zu Beginn des 19. Jh. verschifften noch 48 Zuckerrohrplantagen des Umlandes ihre Ernte über den geschäftigen *Hafen* an der Annotto Bay. Schon wenige Jahrzehnte später, mit dem Verfall der Zuckerpreise auf dem Weltmarkt, wurde es ruhiger. 1985 stellte die letzte Zuckerfabrik der Region ihre Arbeit ein. Der orange Farbstoff *Anatto*, der hier schon von den Arawak aus dem Fruchtfleisch des tropischen Baumes (*Bixa orellana*) gewonnen wurde, gab der Bucht und der Siedlung ihren Namen. Heute präsentiert sich Annotto Bay als stilles Dorf mit einigen Kirchen an einer weiten Bucht, in die zwei Bäche münden. Nur am Samstag, wenn die Marktfrauen ihre Stände aufbauen, erwacht der Ort zu munterem Leben.

Mit der Kokosnuss auf Du und Du oder vergnügliche Exkursion für angehende Farmer – die Plantagentour von Brimmer Hall ermöglicht lehrreiche Begegnungen

Port Antonio und der Osten – wo Hollywood von Piratenromantik träumte

Wie der Kopf einer Schildkröte streckt sich das Ostende Jamaikas ins Karibische Meer. Einen faszinierend-ursprünglichen Charakter hat diese vom Tourismus wenig berührte Landschaft. Die dicht bewaldeten Ausläufer der *Blue Mountains* und *John Crow Mountains* drängen sich nah an die Küste heran. Hier, in den regenreichen Parishes Portland und St. Thomas, liegen verträumte Dörfer im satten Grün überschwenglicher Natur. Der **Rio Grande** entspringt in den John Crow Mountains und fließt in weiten Bögen durch den tropischen Regenwald nach Norden zum Meer. Auf Bambusflößen, die einst Bananenstauden zum Hafen transportierten, gleiten heute Touristen den Spuren Errol Flynn's folgend durch die Dschungellandschaft. Der einst bedeutende Bananenhafen **Port Antonio** gehört zu den schönsten Urlaubszentren Jamaikas. Immer wieder öffnen sich hier zwischen den Felsen Traumbuchten mit samtweichen Sandstränden unter Palmen, die Hotels umgibt die Aura kontemplativer Stille. Die Küstenstraße führt vom Ort weiter nach Süden, vorbei an einsamen Stränden, dem Wasserfall **Reach Falls** und an Plantagen, auf denen seit Jahrhunderten Bananen, Zuckerrohr und Kokosnüsse angebaut werden. Jamaika gibt sich hier ganz besonders ländlich und erinnert an Bilder der Vergangenheit.

17 Buff Bay

Bananen, Wasserfälle, Gärten und Ruinen.

Mitten durch Bananenplantagen verläuft die Küstenstraße A4 von Annotto Bay 20 km in Richtung Osten nach **Buff Bay** im Portland Parish. Das Dorf mit der St. George's Parish Church (19. Jh.) ist umgeben von Bananen- und Kaffeefarmen. Hier zweigt die beschwerliche, panoramareiche B1 ab, die durch die Blue Mountains nach Kingston führt. Folgt man der Route, erreicht man **Crystal Springs**, einen Botanischen Garten mit herrlicher Flora und vielen Vögeln, mit Fischteichen, Spazierwegen und Picknickplätzen. Einige Kilometer weiter liegt **Rose Hill**, dessen Bewohner Orchideen züchten. In der Begleitung eines Wanderführers (bei der Orchideenzucht oder beim Rum Shop an der Straße fragen) wandert man etwa 45 Min. bergauf, entlang sprudelnder Bäche durch dichten Regenwald bis zu den überwucherten Ruinen einer verwunschenen Zuckerrohrplantage.

In *Nature's Way* nahe Buff Bay erinnert das Festival **Fi Wi Sinting** (jeden Febr., www.fwisinting.com) an die afrikanischen Wurzeln der jamaikanischen Kultur. Geboten werden rituelle Trommel- und Tanzvorführungen wie Kumina, Nyahbinghi und Jonkunoo. Der afrikanische Markt bietet Kleidung, Kunsthandwerk, Bücher und Essen.

Weiter geht es auf der Küstenstraße vorbei am *Blueberry Hill Jerk Centre* (köstlich sind Jerk Pork, Jerk Chicken und Conch Stew) über Hope Bay und St. Margaret's Bay zu den **Somerset Falls** (tgl. 10–17 Uhr). Der *Daniels River*, der weiter stromaufwärts auch von Wildwasserfans befahren wird, sprudelt und stürzt hier durch eine schmale, mit tropischem Grün bewachsene Schlucht. Am Fluss entlang geht es zum winzigen Canyon, in den man per Boot hineinmanövriert wird, um die pittoresken *Hidden Falls* zu bewundern.

◁ **Oben:** *Jamaikas Neuschwanstein – Trident Castle liegt malerisch auf einer Landzunge in der Bucht von Port Antonio*
Unten: *Wo Surfbretter die Welt bedeuten – Long Bay zählt zu den schönsten und ursprünglichsten Stränden Jamaikas*

Fälle, die gefallen – im Verborgenen plätschern die Somerset Falls über Hinkelsteine

i Praktische Hinweise

Restaurant

Pace Setters Cafeteria, 6 Russell Ave., Buff Bay, Tel. 876-996-14 98. Das urige Lokal gegenüber der Kirche bietet Snacks, Backwaren und Curried Goat.

Alles im Fluss – der Rio Grande trägt Floß und Passagiere den Wolken nach zum Meer

18 Rio Grande

TOP TIPP *Wasser- und Naturerlebnis auf den Spuren von Errol Flynn.*

An den fruchtbaren Ufern des majestätisch dahinfließenden Rio Grande werden seit Jahrzehnten Bananen gezüchtet. Früher beluden die Farmer lange **Bambusflöße** mit Bananenstauden und schafften sie auf dem Fluss zur Küste. Der Hollywood-Schaupieler Errol Flynn, der sich Mitte der 1940er-Jahre Port Antonio zum Tummelplatz erkoren hatte, darf als Erfinder einer der beliebtesten Urlaubsaktivitäten Jamaikas gelten. Er kam auf die Idee, statt der Bananen seine illustre Gästeschar auf Flöße zu verladen.

Die Fahrt mit *Rio Grande Attractions* (Tel. 876-993-57 78, tgl. 9–16 Uhr) auf Bambusflößen von Grant's Level bei Berridale bis zur Mündung des Flusses in die St. *Margaret's Bay* dauert etwa 3 Std. Sie gehört zu den schönsten Naturerlebnissen einer Jamaika-Reise. Von dem 1 m breiten und 10 m langen Floß mit der zweisitzigen Passagierbank kann man imposante Baumriesen und 20 m hohe Bambuspflanzen bewundern, am Ufer halten Frauen Waschtag, während die Kinder über Flusskiesel und Geröll hüpfen. Die *Rafting Captains* kennen jede Untiefe und Stromschnelle des Rio Grande, aber auch die schönsten Stellen für ein erfrischendes Bad.

Eine besondere Attraktion ist die sog. *Lover's Lane*, eine enge Felspassage, durch die das Gefährt lautlos hindurchgleitet. Errol Flynn soll sie für amouröse Avancen genutzt haben. Unterwegs versorgen schwimmende Bars die Durstigen mit Erfrischungen, an einer Flussbiegung werden Snacks gebruzzelt, an einer anderen Kunsthandwerk verkauft. Bei **Rafters Rest**, kurz hinter der Brücke, auf der die Küstenstraße die breite Mündung des Rio Grande überquert, geht die malerische Flussreise dann zu Ende. Restaurant, Snack Bar und Souvenir Shop laden hier noch zum Verweilen ein.

i Praktische Hinweise

Hotel

****Rio Vista Resort Villas**, St. Margaret's Bay, Tel. 876-993-54 44, Fax 876-993-54 45, www.riovistajamaica.com. Attraktive Ferienhausanlage mitten im Grünen mit Pool und schönen Ausblicken aufs Meer, den Rio Grande und die Blue Mountains.

19 Port Antonio *Pläne S. 58, 61*

Gemütliche Hafenstadt und zauberhafte Strandbuchten am Rande des Regenwaldes.

Ganz selbstvergessen ob seiner Schönheiten präsentiert sich Port Antonio, die Hauptstadt von *Portland*, doch Atmosphäre und Panorama haben schon viele bezaubert, Urlauber aus aller Welt, aber auch Hollywoodstars, Kapitäne von Bananenschiffen und Finanzmagnaten. Der natürliche Hafen mit seiner malerischen Doppelbucht, das türkisfarbene Meer und das dichte Grün der bewaldeten Ausläufer der John Crow Mountains fügen sich zu einer unvergleichlichen tropischen Landschaftssymphonie. Port Antonio erhebt ebenso wie Montego Bay den Anspruch, die *ersten Urlauber* auf Jamaika beherbergt zu haben. Doch während MoBay heute eine quirlige Touristenhochburg ist, hat Port Antonio seinen kleinstädtischen Charakter bewahrt und gilt als Refugium für erholungssuchende Feriengäste.

Die Bananenmetropole der Welt

Nachdem die Engländer Mitte des 17. Jh. Jamaika von den Spaniern erobert hatten, fiel es ihnen zunächst schwer, das fruchtbare Land um Port Antonio zu besiedeln. Dank eines *Forts* (1729) auf der Halbinsel zwischen den beiden Buchten und eines Stützpunkts der Kriegsmarine auf dem vorgelagerten *Navy Island* gelang es ihnen zwar, den Ort gegen Attacken von Franzosen und Piraten zu schützen, doch die Gefahr von Überfällen durch Maroons war allgegenwärtig. Die **Windward Maroons** hielten sich in den John Crow Mountains verborgen und führten einen Guerillakrieg gegen die Engländer, bis ihnen diese im Friedensabkommen von 1739 Freiheit und begrenzte Autonomie zubilligten.

Bereits wenige Jahre später hatte man riesige *Zuckerrohrfelder* angelegt. In der 2. Hälfte des 19. Jh. machte sich dann aber die wirtschaftliche Depression rund um die Arbeitskräfte- und Zuckerflaute auch in Port Antonio bemerkbar.

Zu neuem Leben erwachte der Hafen erst wieder dank der **Bananen**. Die Spanier hatten die goldgelben Früchte, die bis dato als Tierfutter Verwendung fanden, um 1520 von den Kanarischen Inseln eingeführt. Sie gediehen in dem heißen, oft feuchten Klima der Region besonders

Kunst am Baum – aus der ›Birne‹ wird bald ein ›Ball‹, dies ist der Werdegang der Brotfrucht

Wo das Brot auf Bäumen wächst

Jamaikas riesiges Heer afrikanischer Arbeitssklaven wollte ernährt werden. Die kostspieligen Importe von Reis und Mais gingen ins Geld. Da erinnerte man sich im Londoner Kolonialamt an den Bericht des Entdeckers James Cook über eine nährstoffhaltige **Brotfrucht**, die auf Tahiti wachsen sollte. Unter dem Kommando von **Captain William Bligh**, der einst zu Cooks Besatzung gehört hatte, ging die ›**HMS Bounty**‹ 1787 auf große Fahrt. Den ersten Offizier Fletcher Christian hatte Bligh in Lucea, an der Westküste Jamaikas, angeheuert. Nach entbehrungsreicher Fahrt unter dem Regime des autoritären Kapitäns wurden auf **Tahiti** einige Tausend Setzlinge des Brotfruchtbaums (*Artocarpus incisa*) an Bord verstaut. Doch nur wenige Tage nach der Abreise meuterte die Mannschaft unter Führung Fletcher Christians. Captain Bligh und einige Getreue wurden in einem Beiboot ausgesetzt und erreichten nach einem mehr als 5000 km langen Törn glücklich die Insel Timor. Die britische Admiralität machte Jagd auf die Meuterer und schickte gleichzeitig Bligh zu einer zweiten Fahrt mit der ›HMS Providence‹ auf die Reise. 1793 konnte der Kapitän endlich die Brotfruchtsetzlinge in **Port Antonio** abliefern. Im Botanischen Garten von **Bath** [Nr. 23] im Osten Jamaikas wachsen noch heute direkte Abkömmlinge der Originalpflanzen aus dem fernen Tahiti. Die beinah kugelrunde hellgrüne **Breadfruit** ist, im Feuer geröstet und in Scheiben geschnitten, übrigens noch heute eine der beliebtesten Beilagen im Speiseplan der Jamaikaner.

Waffengewalt musste der Charmeur Errol Flynn nur anwenden, wenn es das Drehbuch vorschrieb (›Gegen alle Flaggen‹, 1952)

gut. Kapitän *Lorenzo Dow Baker*, ein Händler aus den USA, nahm 1871 neben einer Ladung Kokosnüsse auch 1450 Bananenstauden mit auf seine Fahrt nach Boston. Er konnte sie dort mit einem derartigen Profit veräußern, dass er zurückeilte, Land kaufte und die *Boston Fruit Company* mit festen Verbindungen zu den Märkten Nordamerikas etablierte. Später schloss sich seine Gesellschaft mit anderen zur **United Fruit Company** zusammen, die viele Jahrzehnte den Fruchtanbau und -handel in der Karibik und in Lateinamerika dominierte. Die Hochkonjunktur brachte Anfang des 20. Jh. auch die ersten Touristen an Bord der Bananenschiffe nach Port Antonio. Der Bananenboom ging in den 1920er-Jahren mit der Panamakrankheit, die ganze Plantagen auslöschte, und infolge verheerender Hurrikans seinem Ende entgegen. Gleichwohl ist Port Antonio noch heute der bedeutendste Bananenhafen Jamaikas, und die Frucht steht nach dem Zucker im Lebensmittelexport an zweiter Stelle. Als Erinnerungsmelodie an die Goldenen Zeiten klingt noch heute Harry Belafontes ›Banana Boat Song‹ (1956) im Ohr, der die Arbeit der Tagelöhner beschreibt.

Ein anderes Kapitel der Stadtgeschichte schrieb der Hollywoodstar und Frauenheld **Errol Flynn**, der 1946 mit seiner Jacht ›Zacca‹ in den Hafen verschlagen wurde und sich auf Anhieb in den Ort

Eine Stadt sieht Rot – Port Antonios Courthouse (Mitte) steht mit dem Uhrturm und dem Shopping Centre Village of St. George (links) farblich im Einklang

verliebte. Flynn kaufte das von Baker errichtete *Thitchfield Hotel* als Herberge für seine Gäste, erwarb größere Ländereien und Navy Island, wo er wilde Partys veranstaltete. Bis zum plötzlichen Tod des 50-jährigen Schauspielers 1959 galt Port Antonio bei Hollywoods High Society von Bette Davis bis Ginger Rogers als schickes Ziel für ausgefallene Urlaubstrips. Dann wurde es wieder still um die Hafenstadt. Heute verfügt sie über einen modernen Jachthafen und einige schöne Villen und Hotels. Die Liebe Hollywoods gilt nach wie vor ihren traumhaften Buchten, den Stränden und den Wasserfällen der Umgebung. Vor der Kulisse Port Antonios entstanden Filme wie ›Cocktail‹ mit Tom Cruise, ›Clara's Heart‹ mit Whoopi Goldberg, ›The Mighty Quinn‹ mit Denzel Washington und Folgen der Serie ›Das Traumschiff‹.

Stadtgeflüster, Jachthafen und Flynn's Inselidyll

Den schönsten Blick auf den Ort, der sich zwischen die halbrunden Hafenbuchten *East Harbour* und *West Harbour* schmiegt, und auf Navy Island hat man von der Terrasse des **Bonnie View Plantation Hotel** 1 (Tel. 876-993-27 52, bonnieviewresort@yahoo.com). TOP TIPP Wenngleich die eher einfache Unterkunft dem Panorama keine Konkurrenz machen kann, zum Lunch oder Cocktail ist dies einer der beliebtesten Treffpunkte.

Im Zentrum schmückt der viktorianische *Clock Tower* den **Market Square** 2, an dem die beiden Hauptstraßen West Street und Harbour Street zusammentreffen. Gediegen präsentiert sich hier das georgianische **Courthouse** 3 aus rotem Klinker mit Kuppeltürmchen und zweigeschossigem weißen Verandavorbau. Nahebei überrascht die Fassade des **Village of St. George** 4 (1997), auch *Port Mall* genannt, durch verspielte Architekturzitate aus Gotik, Renaissance und Tudor. In der Passage gibt es Mode-, Musik- und Souvenirgeschäfte, ein Café mit Blick auf die Marina und einen Nachtklub.

Weiter nördlich ragt die schmale hügelige *Titchfield Peninsula* ins Meer. Auf halber Strecke zu deren Spitze passiert man an der Fort George Street die **DeMontevin Lodge** 5. Sie wurde 1881 in viktorianischem Gingerbread Style mit reichen schmiedeeisernen Ornamenten als Wohnsitz eines Kapitäns errichtet, heute ist hier ein nettes Hotel beheimatet.

An der Spitze der Halbinsel schützte einst **Fort George** 6 (1729) mit seinen 22 Kanonen die Hafeneinfahrt. Zwei Kanonen sowie ein Stück der Befestigungsmauer sind auf dem Gelände der **Titchfield Highschool** 7 zu besichtigen, in der seit 1875 unterrichtet wird.

Auf dem Rückweg Richtung Markt lohnt ein Abstecher zum 2002 eröffneten Jachthafen **Errol Flynn Marina** 8 (Tel. 876-715-60 44, www.themarinaatportantonio.com). Die hübsche Anlage mitten im Grünen verfügt über 32 modern ausgestattete Liegeplätze, ein Yachthouse mit allen Annehmlichkeiten für den Zwischenaufenthalt der Seereisenden und den *Ken Wright Cruise Ship Pier* mit Zoll- und Einreisebüro. Ferienfeeling vermitteln der Privatstrand mit wunderschöner Aussicht auf die Landschaftskulisse von Port Antonio, ein Pool und attraktive Läden. Für besondere Genüsse sorgen Gourmet Bar und Restaurant. Auch die PADI-Tauchbasis *Lady G'Divers* (Tel. 876-993-89 88, www.ladygdiver.net) ist seit 2004 hier angesiedelt. Die Gewässer vor der Küste von Port Antonio bieten viele ausgezeichnete Tauchgründe.

An der Marina kann man ein Boot mieten und zum malerischen **Navy Island** 9 übersetzen. Auf der Insel, Stützpunkt der Royal Navy ab 1728, legte 1793 *Captain Bligh* mit Brotfruchtsetzlingen aus Tahiti an. Errol Flynn erwarb die grüne Idylle Ende der 1940er-Jahre. Sein Wohnhhaus wurde später zum Hotel umgebaut (zzt. geschl.). Spazierwege führen von hier durch die Parklandschaft zu drei Stränden. Navy Island gehört heute der Port Authority of Jamaica.

Nun geht es in die West Street zum (insbesondere Fr/Sa) lebhaften **Musgrave Market** 10. In der Markthalle werden Früchte und Gemüse, Fleisch und Fisch Kleidung und Souvenirs verkauft. Nur ein kurzes Stück weiter erreicht man den **West Harbour** 11. Er wurde jüngst verschönert, begrünt und verfügt über eine neue Schiffswerft. An der nahen **Boundbrook Wharf** 12 legen Containerschiffe an. Sie nehmen die noch grünen Bananenstauden an Bord und transportieren sie nach Nordamerika und Europa. Wer vom Clock Tower der Harbour Street nach Osten folgt, trifft zunächst auf die *Summers Town Road*, die nach Nonsuch und in Richtung Moore Town führt. An der Ecke Harbour und Williams Street erhebt sich die aus Backstein errichtete mächtige **Christ Church** 13, auch Portland Parish Church genannt. Die 1840 geweihte anglikanische Kirche wurde um 1900 neoromanisch umgestaltet.

In ihrem weiteren Verlauf nach Osten entlang des fast kreisrunden *East Harbour* geht die Harbour Street in die *Allan Avenue* über. Hier hat auch **PEPA** 14 (6 Allan Ave., Tel. 876-993-96 32, www.pepa-jamaica.org), die Portland Environmental Protection Association, ihren Sitz. In diesem seit 1988 bestehenden Verband haben sich örtliche Natur- und Umweltschutzgruppen, Hoteliers, das JTB etc. zusammengeschlossen. Zu den Projekten gehören der *Port Antonio Marine Park* und der *Conservation Corridor*, Schutzzonen für den Naturrraum der Region von den Blue Mountains bis zum Korallenriff vor der Küste.

Der East Harbour wird im Osten von einer weiteren Halbinsel begrenzt, auf der das **Folly Point Lighthouse** 15 seit 1885 den Schiffen den Weg weist. Unweit erhebt sich das Skelett des **Folly Estate** 16, einer 60-Zimmer-Villa, die sich die amerikanische Industriellenfamilie Mitchell ab 1901 errichten ließ. Schlechtes Baumaterial und das feuchte Klima machten den Wohnsitz schon bald unbewohnbar.

Haus mit Zuckerguss – der karibisch-britische Gingerbread Style verleiht der DeMontevin Lodge Schwung, Leichtigkeit und Charme

Am Busen der Natur und in den Fußstapfen der Maroons – im Regenwald bei Moore Town ist Jamaikas Aura gegenwärtig

Die von weitem dekorativ wirkenden Säulen und Pfleiler entpuppen sich aus der Nähe als Betonruinen, doch eine Fülle von Legenden zu Reichtum und gebrochenen Herzen ranken sich bis heute um das Anwesen.

Badefreuden, Kitschkastell und Höhlenkathedrale

Im Osten zwischen Port Antonio und Boston Bay treten die Ausläufer der John Crow Mountains bis an die Küste heran. Zwischen den bewaldeten felsigen Vorsprüngen öffnen sich einige der schönsten Strandbuchten Jamaikas. Die meisten von ihnen gehören zu Hotelanlagen, können jedoch gegen Gebühr auch von anderen Urlaubern benutzt werden.

Eine spitz zulaufende Landzunge verengt die Zufahrt zur fast ovalen **Turtle Crawl Bay** 17. An ihrem Ufer liegt in einem Park das luxuriöse **Trident Hotel** mit seinen Cottages, Villen und dem schneeweißen Trident Castle (Besichtigung auf Voranmeldung beim Hotel, s. u.), einem in den 1980er-Jahren erbauten Fantasieschlösschen. Eine Bucht weiter bezaubert der halbmondförmige Strand der **Frenchman's Cove** 18. Über den Sand plätschert ein Bach ins Meer, eine Bar mitten in der Idylle versorgt die Badegäste mit Snacks und Getränken.

TOP TIPP

San San Beach 19 heißt die weit geschwungene Bay, die sich mehrere Hotels teilen. Ein Restaurant mit Strandbar und diverse Wassersportmöglichkeiten sorgen für Zerstreuung. Der *San San Golf and Country Club* (Tel. 876-993-76 45) liegt malerisch mitten im Regenwald. Angeschlossen ist ein Vogelschutzgebiet. Kurz vor Fairy Hill schneidet eine schma-

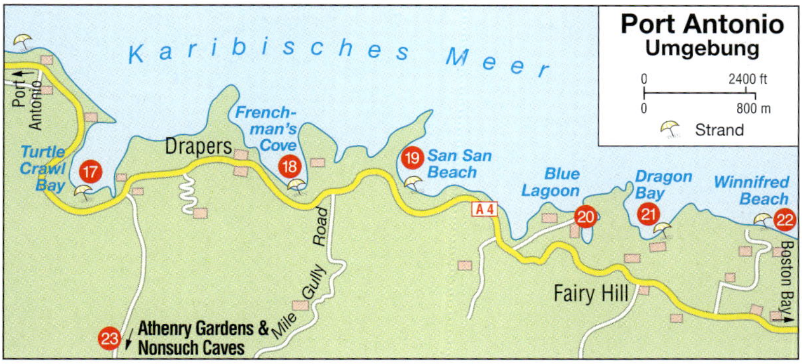

CRUISE BAR

Nicht nur Franzosen baden hier – doch der Bilderbuchstrand Frenchman's Cove hat ein exklusives Flair aus den Tagen bewahrt, als er zu einem Traumhotel gehörte

le Bucht tief in die Küste ein. Das azurblaue Wasser der **Blue Lagoon** 20, einer von grünem Dschungel umgebenen, 60 m tiefen Lagune, wird von kühlen Süßwasserquellen gespeist, denen verjüngende Kräfte nachgesagt werden. Beim Restaurant (zzt. geschl.) haben Badegäste Zugang zur Lagune. Man kann die blauen Tiefen auch mit einem Glass Bottom Boat besichtigen und weiter die Küste entlang fahren, um die Millionaires Row, eine Phalanx weißer Villen zu bewundern, die sich von hier bis zur San San Beach aneinander reihen. An der halbrunden **Dragon Bay** 21 mit dem gleichnamigen Resort (zzt. geschl.) gibt es zwar keine Drachen, aber einen geschützten Sandstrand. Der **Winnifred Beach** 22 schließlich gehört zu den schönsten und zu den wenigen öffentlichen Stränden der Gegend. Um zur von Palmen gesäumten Strandsichel zu gelangen, muss man in Fairy Hill von der Küstenstraße abbiegen und auf abenteuerlichem Weg zur Küste navigieren. Inzwischen hat die *Urban Development Corporation (UDC,* www.udcja.com*)* Pläne entwickelt, die Bucht als Strandbad auszubauen.

In der Nähe, beim Dörfchen Nonsuch, liegen **Athenry Gardens & Nonsuch Caves** 23 (Tel. 876-993-37 40, tgl. 10–16 Uhr). Die Höhlen und die tropischen Gärten mit ihrer vielfältigen Flora sind über eine Schlaglöcher gespickte, kurvenreiche Straße zu erreichen. Eine der 14 unterirdischen Säle der Caves, der *Cathedral Room* mit seinen imposanten Stalaktiten und Stalakmiten, ist immerhin 12 m hoch. Versteinerungen von Korallen und anderer Meerestieren belegen, dass die Höhle einst unter Wasser lag.

◁ **Oben:** *Im ›Mille Fleurs‹ treibt die Kochkunst tausend Blüten, und in den Athenry Gardens wachsen ›Hummerbeinchen‹*
Mitte: *Mit Zaster gezaubert – die Ferienvillen der Millionaires Row unweit Blue Lagoon*
Unten: *Fern irdischer Eitelkeiten glänzen die unvergleichlichen Nonsuch Caves mit Architektur aus Tropfen. – ›Do the Tom Cruise‹: An dieser Hotelbar mixte der Hollywood-Star einst beim Film ›Cocktail‹ (1988) mit*

i Praktische Hinweise

Information

JTB, City Centre Plaza, Port Antonio, Tel. 876-993-30 51, Fax 876-993-21 17

Flughafen

Ken Jones Aerodrome, Tel. 876-913-31 73. Innerjamaikanische Flüge.

Touren

TOP TIPP **Valley Hikes**, 26 Harbour St., Tel. 876-993-38 81, valleyhikes@cwj.com. Eine Fülle von Wandertouren, vom Kurztrip bis zu zweitägigen Exkursionen verschiedener Schwierigkeitsgrade mit Führern, die auch naturkundliche Informationen vermitteln. Beliebt sind Wanderungen durch das Tal des Rio Grande, auch in Kombination mit Rafting. Es geht z. B. zur Vogelbeobachtung, zu Bananen- und Kaffeeplantagen, Wasserfällen und

Höhlen. Auf mehrtägige Wanderungen erkundet man den tropischen Regenwald, die John Crow und Blue Mountains und die Umgebung von Moore Town, Zentrum der Windward Maroons.

Nachtleben

Roof Club, 11 West St., Port Antonio, Tel. 876-993-38 17. Eine Disco-Legende im urtümlich jamaikanischen Stil. Neben den akustischen Sensationen fordern das Publikum und die Tanzstile höchste Aufmerksamkeit. Donnerstags ist Ladies Night (geöffnet Do–So).

Hotels

*****Trident Villas & Hotel**, Anchovy, 2 km östlich von Port Antonio, Tel. 876-993-26 02, Fax 876-993-29 60, www.tridentjamaica.com. Spitzenanlage mit Zimmern und Cottages im Laura-Ashley-Stil, mit Privatstrand und Pool. Durch den Garten stolzieren Pfaue. Im Restaurant servieren Kellner mit Glaceehandschuhen Köstlichkeiten.

****Jamaica Palace**, Williamsfield, Port Antonio, Tel. 876-993-77 20, Fax 876-993-77 59, www.jamaicapalace.com. Stimmungsvolles neoklassizistisches Hotel (80 Zi. und Suiten) mit monumentaler Säulenvorhalle und einem jamaikaförmigen Pool mitten im Park.

TOP TIPP ***Mocking Bird Hill**, Drapers, 6 km östlich von Port Antonio, Tel. 876-993-71 34, Fax 876-993-71 33, ww.hotelmockingbirdhill.com. Hübsches Haus (10 Zi.) in Hanglage mit Blick auf die Blue Mountains und das Meer, mit Pool und Kunstgalerie. Das Terrassenrestaurant *Mille Fleurs* bietet kreativ zubereitete jamaikanische Köstlichkeiten. Shuttle Service zu den Stränden und umfangreiches Tourenangebot.

DeMontevin Lodge, 21 Fort George St., Port Antonio, Tel. 876-993-26 04, Fax 876-715-59 87. Pension mit viktorianischem Ambiente. Die Küche bietet Frühstück und ein köstliches dreigängiges jamaikanisches Dinner-Menü auf Vorbestellung.

Restaurants

Dickie's Best Kept Secret, West Harbour, Port Antonio. Zu erkennen ist dieses Lokal ohne Türschild nur an den Bananenstauden. Es bietet vorzügliche Meeresfrüchte und andere Delikatessen.

Norma's at the Marina, Errol Flynn Marina, Port Antonio, Tel. 876-993-95 10. Das Restaurant am schönen Jachthafen bietet moderne jamaikanische und internationale Küche (Mo geschl.).

San San Tropez, San San Beach, 9 km östlich von Port Antonio, Tel. 876-993-72 13, www.sansantropez.com. Zu einem hübschen Guesthouse gehöriges hervorragendes Restaurant. Geboten werden italienische Köstlichkeiten wie Pasta mit Meeresfrüchten und Pizza, aber auch jamaikanische Spezialitäten.

20 Boston Bay

Eine Pilgerstätte für die Freunde feurig-würziger Grillgenüsse.

TOP TIPP Bläulicher Rauch steigt von den **Jerk Stands** beiderseits der Durchgangsstraße auf. Der würzige Duft signalisiert, dass Boston Bay, 14 km östlich von Port Antonio, erreicht ist. Die Rezepte für die scharfen Leckerbissen, die hier serviert werden, stammen von den Maroons. Sie rösteten und räucherten schon vor Jahrhunderten das mit Waldkräutern marinierte Fleisch von Wildschweinen über offenem Feuer. Das Holz des Pimentobaumes gab und gibt dabei dem Grillfleisch ein köstliches Aroma. Als Beilage zur Portion Jerk Pork oder Jerk Chicken gibt es meist *Roasted Breadfruit*, geröstete Brotfrucht. Die scharfe *Jerk Sauce* sollte man mit Vorsicht genießen, sonst steigt der Konsum von Löschmitteln wie Red Stripe Beer ins Unermessliche. Beliebt ist das **Portland Jerk Festival** (Tel. 876-715-54 65) im Juli, zu dem Besucher von allen Ecken der Insel kommen, um Jerk Food und das bunte Rahmenprogramm mit Livemusik zu genießen.

Grillparty ohne Ende – Boston Bay ist der Gourmethimmel für Freunde des Jerk Food

Im Rausch der Tiefe – souveränes Tauchmanöver einer fixen Nixe am Fuße der gischtsprühenden Reach Falls

Nach all den kulinarischen Leckerbissen kann man an der kleinen Strandbucht **Boston Beach** Sand und Meer genießen. Die Gewässer von Boston Bay eignen sich gut zum Wellenreiten, und es gibt Surfbretter zu mieten. Unweit des Ortes liegt der Landsitz von *Patrice Wymore-Flynn*, der Witwe des Hollywood-Herzensbrechers Errol Flynn. Auf mehr als 1200 ha Grund werden Kokospalmen angebaut und Rinder gezüchtet.

21 Long Bay

Morgenröte und Surferfreuden am langen Strand.

Fantastische Sonnenuntergänge erlebt man in Negril, doch wie die Sonne morgens orangerot dem Karibischen Meer entsteigt, das sieht man von den Hügeln aus, die den pittoresken langen Sandstrand von Long Bay, 8 km südlich von Boston Bay, säumen. Wenn der Wind auf Nordost dreht und die Brandung anschwillt, dann schlägt die Stunde der **Surfer**, die hier das beste Revier für ihren Sport finden. Ein guter Platz, um auf den Boards hinauszupaddeln, liegt am Nordende der Bucht. Bei weniger extremen Windverhältnissen sind auch die Bedingungen zum Baden am besten. Selbst dann sollte man aber auf gefährliche Unterströmungen achten. Von der ungezähmten Küste angezogen, haben sich in dem kleinen Ort Long Bay Künstler niedergelassen, unter ihnen auch der deutsche Schriftsteller Peter-Paul Zahl, der bereits mehrere Kriminalromane mit Schauplatz Jamaika geschrieben hat.

i Praktische Hinweise

Unterkunft

*__Rose Hill Cottage__, Long Bay, Tel./Fax 876-913-74 52. Der Autor Peter-Paul Zahl vermietet ein hübsches Häuschen in Hügellage mit Blick aufs Meer.

22 Reach Falls

TOP TIPP *Schäumende Wasserkaskaden und natürliche Badepools im Dschungel.*

Wer die Küstenstraße beim Fischerort *Manchioneal*, 12 km südlich von Long Bay, verlässt und der gut ausgebauten kurvigen Strecke etwa 4 km nach Westen folgt, erreicht nahe dem Dorf *Reach* die beschilderte Abzweigung zu den Reach Falls. Eine Treppe führt vom Parkplatz hinab in eine Schlucht am Fuße des Wasserfalls. Das Wasser des *Drivers River* bahnt sich von den John Crow Mountains kommend seinen Weg durch den Dschungel, stürzt über Klippen, schäumt runde Felsbuckel hinunter, bildet gewaltige Whirlpools und beliebte seichte Badewannen. Die schöne Naturkulisse hat nun die UDC (www.udcja.com) übernommen und im Febuar 2007 wieder eröffnet, sie soll als Touristenattraktion ausgebaut werden.

23 Bath

Heiße Quelle mit wundersamen Heilkräften und eigenem Hausgeist.

Hinter Hector's River wendet sich die Straße A4 von der Küste ab, bei *Hordely* nimmt man die Abzweigung nach Westen zum 10 km entfernten Bath. Die Anfahrt auf der Panoramastrecke durch das Tal des *Plantain Garden River* wird nur durch Schlaglöcher getrübt.

Die Werbung für einen Jungbrunnen hätte nicht vollmundiger ausfallen können: Das *Bath of St. Thomas the Apostle* versprach Heilung bei Magenschmerzen, Drüsenfieber, nervösen Zuckungen und Rheumatismus. Die mineralhaltige, leicht radioaktive Wunderquelle soll zufällig von einem fortgelaufenen Sklaven entdeckt worden sein, dessen Wunden im warmen Quellwasser schnelle Linderung fanden. Schon um die Wende zum 18. Jh. wurde im Bereich der Heilwasser ein Badehaus errichtet, später kamen Unterkunft und Hospital hinzu.

Am Ostrand des Ortes wurde 1779 auch der erste Botanische Garten Jamaikas eingerichtet, in dem sogar ein Setzling des von Captain Bligh 1793 aus Tahiti eingeführten Brotfruchtbaums einen Platz fand [s. S. 57]. Der lange vernachlässigte *Botanical Garden* wird inzwischen wieder hergestellt. Auch das einst schicke **Heilbad**, in der 2. Hälfte des 19. Jh. beliebter Tummelplatz der ›besseren Gesellschaft‹, lohnt heute wieder einen Besuch. Das **Badehaus**, restauriert und durch Einrichtungen wie Jacuzzi ergänzt, liegt im Grünen. Das römische Bad verfügt über leicht radioaktives Wasser. Es stammt aus einer heißen (53 °C) und einer kalten *Mineralquelle*, die zur gewünschten Temperatur gemischt werden und dann ihre heilsame Wirkung tun. Das dazugehörige Hotel übrigens rühmt sich, ganz gemäß britischer Traditionen, eines *Hausgeistes*, der sich gelegentlich durch Türenschlagen, hastige Schritte oder Zigarrengeruch bemerkbar machen soll.

i Praktische Hinweise

Hotel

*****Bath Fountain Hotel & Spa**, Bath, Tel. 876-703-43 45, Fax 876-703-44 05. Das ruhige Hotel ist Teil des nostalgischen Heilbades. Das dazugehörige Restaurant bietet gute jamaikanischen Snacks.

24 Morant Point Lighthouse

Herrlicher Weitblick vom Leuchtturm an der Ostspitze Jamaikas.

Ein Fahrzeug mit Vierradantrieb sollte man schon haben, um sich von der Küstenstraße A4 beim Flecken *Golden Grove* (2 km südlich von Hordley; aktuelle Informationen über die Route einholen!) auf den holprigen, von Mangrovensümpfen gesäumten Weg über Spanish Wood zum *östlichsten Punkt* Jamaikas zu machen. Das rot-weiß gestreifte, 1841 aus vorgefertigten gusseisernen Bauteilen errichtete Morant Point Lighthouse bezieht seine Energie heute von Solarzellen und gibt automatisch Signale. Von der Aussichtsplattform in 30 m Höhe (nicht immer zugänglich) hat man einen fantastischen Blick auf Landschaft und Meer, in Richtung Südwesten bis zum traumhaften Strand von *Rocky Point Bay*. Ein Badestopp lohnt sich dort und an dem *Golden Shore Beach* etwa 5 km weiter südlich. Ein Schild weist von der A4 die Richtung zum versteckt liegenden Sandstrand.

25 Morant Bay

Bezirkshauptstadt mit düsterer Vergangenheit.

An der Südküste, etwa 21 km von Golden Grove entfernt, liegt Morant Bay, die Hauptstadt des *St. Thomas Parish* auf einem Hügel. Den Platz vor dem **Courthouse** schmückt die Bronzestatue von *Paul Bogle* (1965, Edna Manley), der, beide Hände fest um den Griff einer Machete geklammert, in die Ferne blickt. Das Denkmal erinnert an ein trauriges Kapitel der Inselgeschichte. Nach dem Ende der Sklaverei 1838 ging es den schwarzen Jamaikanern weiterhin miserabel. Wer als Plantagenarbeiter beschäftigt war, konnte aufgrund niedriger Löhnen kaum existieren. Das den Schwarzen zugeteilte Land war so schlecht, dass es wenig Erträge brachte. Es kam zu Protesten, und als am **11. Oktober 1865** der Prediger Paul Bogle einen Demonstrationszug zum Gerichtsgebäude von Morant Bay anführte, um die Freilassung eines Bauern zu erwirken, eröffnete die Miliz das Feuer. *Gouverneur Edward Eyre* verhängte unverzüglich Kriegsrecht über die Region. Er ließ Armee und Polizei ausrücken, um die

Morant Bay Rebellion niederzuschlagen. *George William Gordon*, ein reicher Mulatte und einst Mitglied der gesetzgebenden Versammlung, wurde derweil in Kingston verhaftet, weil er mit der Sache der armen Bauern sympathisierte. Er wurde nach Morant Bay gebracht und hier verurteilte ihn ein Militärgericht zum Tode durch den Strang. Ein ähnliches Schicksal ereilte Paul Bogle, und etwa 600 weitere Schwarze wurden ›auf der Flucht erschossen‹ oder von Henkershand gerichtet. Die Orgie der Gewalt fand in England ein heftiges Echo. Die daraufhin eingesetzte königliche *Untersuchungskommission* verurteilte das brutale Vorgehen Eyres und er wurde seines Amtes enthoben. Die Kolonie stand fortan unter direkter Aufsicht der Krone. Die beiden Märtyrer der Rebellion, Bogle und Gordon, wurden 1962, als Jamaika seine Unabhängigkeit erlangt hatte, zu *Nationalhelden* erklärt.

Während des Aufruhrs wurden große Teile Morant Bays ein Opfer der Flammen. Hinter dem nach 1865 wieder aufgebauten Courthouse sind noch die Überreste des **Morant Bay Fort** von 1758 zu erkennen. Westlich davon erhebt sich die anglikanische **Christ Church** (1881) auf den mehr als 200 Jahre alten Fundamenten ihrer Vorgängerbauten. Inschriften gedenken der zahlreichen Opfer der Rebellion.

26 Yallahs

Zwei Salzseen und ein grausames Gottesurteil.

Zuweilen leuchtend rot erscheinen die beiden durch eine schmale Landzunge vom Meer getrennten **Salt Ponds** östlich von Yallahs. Bei großer Trockenheit und Hitze blühende Bakterien sollen dieses Phänomen hervorrufen. Der *Yallahs River* entspringt in den Blue Mountains und erreicht die Südostküste einige Kilometer westlich bei *Poor Mans Corner*. Der Fluss bewässert die Kaffeeplantagen in den Bergen und versorgt über eine Pipeline die Metropole Kingston mit Trinkwasser.

Die etwa 300 m hohe Bodenschwelle des **Judgement Cliff** bei *Llandewey* entstand 1692. Das Erdbeben, das damals Port Royal [Nr. 29] zerstörte, verursachte hier einen Erdrutsch, der einer Legende zufolge eine ganze Plantage unter sich begrub. Der Besitzer, ein grausamer Sklavenhalter, wurde mit verschüttet. Es

Der Märtyrer und die Machete – Paul Bogle widerfuhr im Courthouse von Morant Bay 1865 keine Gerechtigkeit

schien, als habe der Himmel ein Urteil (*Judgement*) gesprochen und die Klippe wie einen riesigen Grabhügel aufgeschüttet.

27 Bull Bay

Dorf nahe Kingston mit Rastafari Camp, Stränden und Nachtleben.

An der Grenze der Parishes St. Thomas und St. Andrew liegt der Ort Bull Bay, der wegen seines Rasta Camps **The Ethiopia Africa Black International Congress** (www.houseofbobo.com) größere Bekanntheit erlangt hat. Hier leben etwa 100 Rastafari aus dem Orden der *Boboshanty*, zu erkennen an ihren in Tücher gewickelten, hoch aufragenden Dreadlocks. Sie nennen sich die gerechtesten (*most righteous*) und gelten gleichzeitig als die geschäftstüchtigsten unter den Rastafari. Sie fertigen z. B. handgemachte Besen an, die sie auf der ganzen Insel verkaufen. Im Camp auf dem **Zion Hill** (13 Garvey Walk) sind Besucher durchaus willkommen, doch es gibt einige Regeln zu befolgen, die am Eingang erläutert werden. Im Rahmen der informativen Führung (es wird eine Spende erwartet) durch das Camp mit Versammlungsplätzen, Wohn- und Gebetshäusern kann man auch die herrliche Aussicht auf Küste, Meer und die Kingston Bay genießen.

Westlich von Bull Bay liegen die idyllischen **Cane River Falls**, die über einen Treppenweg zu erreichen sind. Sie sollen ein Lieblingsbadeplatz von Bob Marley gewesen sein. Wer es etwas munterer mag, den zieht es an die nahe gelegenen lebhaften **Strände**. Nachts verbreiten hier einige Clubs Partystimmung.

Kingston und der Südosten – Metropole am Fuße der Blauen Berge

Zwischen der großen Kingston Bay im Süden und den Berghängen der Blue Mountains im Norden breitet sich **Kingston** aus, die moderne Hauptstadt Jamaikas. Fast wie eine eigene Welt wirkt diese Metropole im Vergleich zum lieblich-ländlichen Jamaika drum herum. In der ›King's Town‹ werden Politik und Geschäfte gemacht, Bankhochhäuser und Luxushotels ragen in den Himmel, Shopping Malls nach amerikanischem Zuschnitt locken. Die Stadt mit ihren Museen und der Universität, mit Musikstudios, Theater und Ballett entfaltet eine bunte, einflussreiche Kulturszene. Doch zugleich treten nirgendwo sonst auf Jamaika die sozialen Unterschiede krasser zu Tage als hier, zwischen den Ghettos und Shanty Towns der Besitzlosen westlich von *Downtown* und den Villenvierteln der Reichen in *Uptown*.

Auf Entdeckungstour geht es von der Metropole in die herrliche Bergwelt der **Blue Mountains**. Nur wenige Straßen queren von Süd nach Nord das Gebirge. Eine schmale, kurvige Strecke führt von Kingston über **Newcastle** bis nach Buff Bay, eine etwas angenehmere Route geht über **Castleton** nach Annotto Bay. Im Süden überwiegen tropischer Bergwald und steile Hänge, an denen Obst, Gemüse und Kaffee angebaut wird. – Der *Blue Mountain Coffee* gehört zu den begehrtesten und teuersten Kaffeesorten der Welt. – Die Nordhänge des Gebirges wiederum sind von dichtem Regenwald bedeckt.

Urlaubsstimmung für Kingstonians und Gäste ermöglichen Inselchen wie *Lime Cay* und Strände wie die **Hellshire Beaches** in der Kingston Bay. Und die Reste der einst sagenhaft reichen Piratenstadt **Port Royal** locken mit Geschichten über das Sündenbabel der Karibik auf die brettdünn erscheinende Halbinsel Palisadoes hinaus. Etwas weiter westlich lädt Kingstons einst stolze Vorgängerin, die alte Kapitale **Spanish Town**, zum Besuch ein. In dieser Region finden sich viele Zeugnisse der bewegten Vergangenheit Jamaikas, von Höhlenzeichnungen der Arawak bei *Guanaboa Vale* bis zu den Festungsbauten der britischen Kolonialmacht in *Port Henderson*.

28 Kingston

Plan Seite 70, 75

Regierungs- und Kulturmetropole mit interessantem Straßenleben.

Kingston (750 000 Einw.) ist die Hauptstadt Jamaikas und zugleich Geschäfts- und Universitätszentrum. Die größte englischsprachige Metropole im mittel- und südamerikanischen Raum ist in den letzten Jahren mit den Nachbargemeinden Portmore und Spanish Town quasi zusammengewachsen, sodass in diesem Gebiet heute an die 1 Mio. Menschen leben. Wer abends von der Terrasse eines Restaurants an den Hängen der Blue Mountains auf Kingston herabblickt, gewahrt ein glitzerndes Lichtermeer, das die ganze weiträumige Ebene ausfüllt – bis zur Küste, wo sich der **Kingston Harbour** öffnet, einer der größten natürlichen Häfen der Welt. Auf zwei Seiten ist die Stadt durch Höhenzüge gerahmt. Im Norden erheben sich die *Blue Mountains*, im Osten schieben sich *Long Mountain*

◁ **Oben:** *Goldener Schleier – bei Nacht glitzert das Stadtbild der jamaikanischen Kapitale Kingston wie ein Seidenteppich*
Unten: *Grüner Samt – prachtvoll schimmern die Kaffeeplantagen und bewaldeten Berghöhen der Blue Mountains*

und *Dallas Mountain* wie zwei Riegel quer vor die Stadtgrenze. Im Westen aber setzt sich die Ebene in Richtung Portmore und Spanish Town fort.

Am Scheitelpunkt der riesigen Bay liegt der älteste Teil Kingstons, die im Schachbrettmuster konzipierte **Downtown** mit dem Platz *The Parade*, mit Märkten, Museen und Kirchen. Weiter im Norden, jenseits des *National Heroes Park*, beginnt das von Hotels und Malls, von Geschäfts- und Villenvierteln geprägte **New Kingston**, auch *Uptown* genannt. Ganz hoch her geht es in diesem Teil der Stadt während des **Jamaica Carnival** (www.jamaicacarnival.com). Jedes Jahr im *April* ziehen eine Woche lang frech bis prächtig kostümierte, ausgelassene Menschen durch die Straßen. Soca- und Calypso-Bands aus Jamaika und Trinidad geben während dieser tollen Tagen den Ton an. Doch bereits ab *Februar* ist die Insel im Karneval-Fieber, ein Großereignis in Kingston ist zu dieser Zeit der Festumzug der Studenten der University of the West Indies (UWI) und der Technischen Universität (UTECH).

Werden und Wandel der Königsstadt

Bis zum verheerenden Erdbeben von 1692, das den größten Teil der Stadt *Port Royal* an der Einfahrt zur Bay zerstörte, war Kingston auf den Landkarten Jamaikas nicht zu finden. Das sumpfige Gelände am Nordufer der Bucht hatte sich bis dahin nur für die *Schweinezucht* als geeignet erwiesen. Doch nun ließen sich Flüchtlinge aus Port Royal, der zerstörten Piratenhochburg, hier nieder und eine Siedlung entstand. Viele Fracht- und Sklavenschiffe fanden den Weg in den geschützten Hafen, er avancierte zu einem Dreh- und Angelpunkt des Handelsverkehrs. Ende des 18. Jh. lebten bereits mehr als 11 000 Menschen in der Boomtown, doch es sollte noch bis zum Jahr 1872 dauern, bis auch der Sitz der Kolonialregierung aus dem verschlafenen *Spanish Town* in die aufstrebende Handelsmetropole umzog und Kingston zur

Köln oder Kingston – in ihrer Begeisterung für den Karneval sind die Hochburgen des Frohsinns seelenverwandt, nur werfen die jamaikanischen Jecken keine Kamelle

Hauptstadt von Jamaika ernannt wurde. Das gewaltige Erdbeben von 1907 legte die Downtown Kingstons mit ihrer Kolonialarchitektur in Schutt und Asche. Einige der historischen Bauten wurden in der Folgezeit rekonstruiert. Eine neue Blütezeit begann in den 1960er-Jahren mit der Sanierung des Hafenviertels und dem Bau des Kreuzfahrthafens **Port Bustamante**. Gleichzeitig entstand das Geschäftsviertel New Kingston. Der Aufschwung zog Tausende von Landflüchtigen in die Stadt und ihre sich nun schnell ausdehnenden Ghettos. Die 1970er- und 80er-Jahre brachten scharfe politische Auseinandersetzungen, die die beiden Parteien JLP und PNP mithilfe bewaffneter Schutzverbände zu gewinnen trachteten. Folgen waren *Straßenkämpfe*, bürgerkriegsähnliche Zustände, wirtschaftliche Stagnation und ein Niedergang des zuvor von Kreuzfahrtschiffen geprägten *Tourismus*. Noch heute werden politische und soziale Konflikte in den von Gangs regierten Slums ausgetragen, und es versteht sich von selbst, dass *Ghettos* wie Trench Town und Jones Town westlich des Hafens für Erkundungstouren auf eigene Faust tabu sind.

Grundsätzlich sind Besucher gehalten, die selbe Umsicht walten zu lassen wie in anderen Großstädten der Welt, und es empfiehlt sich, die Besichtigung von Downtown in Begleitung eines lokalen Führers oder per Taxi vorzunehmen.

Downtown und Waterfront: ein kunstsinniges Straßentheater

Wie eine Insel liegt im Herzen der Downtown *The Parade*, der einstige Paradeplatz britischer Soldaten, auf dem sich heute der nach einem schwarzen Gewerkschaftsführer der 1930er-Jahre benannte **William Grant Park** 1 befindet. Bäume und ein Springbrunnen bilden den Rahmen für die Statuen der politischen Rivalen und Gründerväter des modernen Jamaika, *Alexander Bustamante* und *Norman Manley*. Vom Rande des Parks aus schaut ein Standbild der *Queen Victoria* dem städtischen Treiben zu.

Als opulente Kulisse der Parade präsentiert sich die hellblau und weiß rhythmisierte neoklassizistische Fassade des

Ward Theatre 2 (Tel. 876-922-04 53), das 1912 von Charles Ward, dem damaligen ›Rumkönig‹ Jamaikas, errichtet wurde. An dieser Stelle gab es schon seit 1777 eine Bühne. Das Programm des Ward Theatre prägen heute Eigenproduktionen, vornehmlich Tanz- und Musikshows.

Die Methodistenkirche **Coke Memorial Hall** 3 an der East Parade wurde 1840 anstelle des vom Missionar Thomas Coke stammenden Vorgängerbaus errichtet. Ganz in Weiß steht im Südosten der Parade, an der in Richtung Waterfront führenden *King Street*, die **Kingston Parish Church** 4 (1699). Das Innere der nach dem Erdbeben 1907 erneuerten Kirche schmücken Grabmäler und Denkmäler für Honoratioren und Soldaten.

Ein Besuch der **St. Andrews Scots Kirk** 5 zwischen Mark Lane und Duke Street wird zum Erlebnis, wenn der renommierte *National Choir* hier ein Konzert gibt. Das von schottischen Kaufleuten gestiftete Gotteshaus wurde Anfang des 19. Jh. über achteckigem Grundriss errichtet. Die Fassade schmückt eine pfeilergestützte Galerie.

Auf dem Weg zum Hafen führt ein Abstecher zum 1879 gegründeten **Institute of Jamaica** 6 (12 East St./Tower St., Tel. 876-922-06 20, www.instituteofjamaica.org.jm, Mo–Do 9.30–16.30, Fr 9.30–15.30 Uhr) mit dem *National History Museum*. Die Sammlung zeigt u. a. präparierte Insekten, Schildköten, Vögel, ein Krokodil, das Diorama eines Korallenriffs und geologische Fundstücke. Außerdem führen interaktive Exponate in die Flora und Fauna Jamaikas ein. Die *Science Library* bietet eine Fülle wissenschaftlicher Informationen, die *National Library of Jamaica* (Tel. 876-967-24 96, www.nlj.org.jm) hütet große Bestände zu Geschichte und Kultur der Insel.

Das Hafenviertel präsentiert entlang des *Ocean Boulevard* imposante moderne Architektur, darunter die Bank of Jamaica und das Jamaica Conference Centre, doch es fehlt an Atmosphäre. Lichtblick ist die schwergewichtige, sich gen Himmel aufbäumende Bronzehalbfigur **Negro Aroused** 7 (1978) von Edna Manley. Vorbild dieses Denkmals, das die Befreiung der Sklaven symbolisiert, ist die 1935 entstandene Holzplastik der Künstlerin in der Nationalgalerie.

TOP TIPP Die **National Gallery of Jamaica** 8 (12 Ocean Blvd., Tel. 876-922-15 63, Di–Do 10–16.30, Fr 10–16, Sa 10–15 Uhr) wartet mit der bedeutendsten Kunstsammlung der Insel auf. Sie reicht von präkolumbischer Zeit bis in die Gegenwart. Zu den Meisterwerken zählen die ausdrucksstarken Skulpturen von *Edna Manley* (1900–1987). Die Gattin des Politikers Norman Manley initiierte mit

Der Ernte sei Dank, es gibt noch genug Gemüse – der Straßenmarkt in Downtown Kingston gleicht einem Lobgesang auf die Früchte der jamaikanischen Erde

ihrem Werk die Emanzipation der jamaikanischen Kunst von europäischen Vorbildern. Weitere repräsentative Exponate stammen von Albert Huie, John Dunkley, Mallica ›Kapo‹ Reynolds, Karl Parboosingh und Christopher Gonzalez. Die Arbeiten bewegen sich zwischen naiver, abstrakter und auf afrikanische Kunst zurückgehender Bildsprache. Große Ereignisse im Kingstoner Kulturkalender stellen die Kunstshows *National Biennial* und *Curator's Eye* dar, die alternierend stattfinden (jeweils Dez.–Febr.). Sie stellen die Avantgarde der jamaikanischen Kunstszene vor, einmal von einer Jury, einmal von einem Kurator ausgewählt.

Ebenfalls hier ansässig ist das zum Institute of Jamaica gehörige **African Caribbean Institute of Jamaica** 9 (Tel. 876-922-47 93, www.instituteofjamaica.org.jm, Mo–Do 9.30–16.30, Fr 9.30– 15.30 Uhr). Unter besonderer Berücksichtigung des afrikanischen Erbes dokumentiert das Institut die jamaikanische Geschichte, wie sie auch in mündlichen Überlieferungen greifbar wird, z. B. anhand von Video-Interviews mit Zeitzeugen. Seiner Initiative ist es zu verdanken, dass die UNESCO 2004 die *Moore Town Maroon Music* mit ihren aus der Sklavenzeit tradierten Gesangstilen, ihren Arbeits- und Kampfliedern, in die Liste der Meisterwerke des mündlichen Weltkulturerbes aufnahm.

Geht man den Ocean Boulevard weiter nach Westen, sieht man das **Ferry Terminal** 10 des Hafens, von dem die Boote nach Port Royal ablegen (tgl. 10, 12, 15, 17, 19 Uhr), und erreicht den in einer Gusseisenhalle (1872) untergebrachten **Craft Market** 11 (Mo–Sa) mit seinem vielfältigen Angebot an Holzskulpturen, Malereien, Stroh- und Korbwaren.

Auf dem Rückweg ins Zentrum nimmt man die in nördlicher Richtung verlaufende **Duke Street** 12, in kolonialen Zeiten eine renommierte Geschäftsadresse vor allem für Anwaltskanzleien. Im eleganten **Headquarters House** 13 (79 Duke St., Mo–Fr 8.30–16.30 Uhr) aus dem Jahre 1755, einst Stadtvilla eines reichen Kaufmanns, befand sich bis 1872 die Kommandozentrale der britischen Kolonialtruppen. Später tagten hier die Abgeordneten der gesetzgebenden Versammlung von Jamaika (bis 1960). Heute beherbergt das Gebäude die Zentrale des **Jamaica National Heritage Trust** (Tel. 876-922-12 87, www.jnht.com), der für den Denkmalschutz auf der Insel verantwortlich ist. Von der historischen Austattung

Wo sich die Sonneninsel in Szene setzt – das Ward Theatre von Kingston gehört zu den renommiertesten Bühnen der Karibik

erhalten sind der mit Porträts berühmter Jamaikaner geschmückte Sitzungssaal und ein Aussichtsturm mit Blick über Downtown und Hafen.

Genickstarre – in ihrer Ausdruckskraft erinnert die Skulptur ›Negro Aroused‹ von Edna Manley an Werke Ernst Barlachs

Zwiegespräch mit dem Himmel – die Holzplastik einer Knienden in der National Gallery vermittelt Kraft und Ergriffenheit

Zu Lebzeiten verkannt – Garveys Bedeutung für die Emanzipation Jamaikas wird heute im National Heroes Park gewürdigt

Das Parlament kommt heute im gegenüberliegenden modernen **Gordon House** 14 (Ecke Duke/Beeston St., Mo–Fr 9–16.45 Uhr, Führungen unter Tel. 876-922-02 00) zusammen. Es wurde nach dem 1865 wegen Anstiftung zum Aufruhr hingerichteten Abgeordneten *George William Gordon* benannt. Wer von der Zuschauertribüne aus die Parlamentsdebatten verfolgen möchte, sollte sich vorher anmelden.

Etwas weiter nördlich steht an der Duke Street die 1881 errichtete und nach dem Erdbeben 1907 erneuerte **Jewish Synagogue** 15 der jüdischen Gemeinde von Kingston. Auch der alte Friedhof ist einen Besuch wert.

Am Rand der Downtown schließlich liegt der große **National Heroes Park** 16, von Kingstonians noch immer *Racecourse* genannt. Tatsächlich galoppierten bis in die 1950er-Jahre Pferde um das Oval, dann wurde die Galopprennbahn nach *Caymanas Park* bei Portmore verlegt. Im Süden des Parks erhebt sich der *Shrine of Monuments*, der Ehrenhain für die Nationalhelden Jamaikas, Sam Sharpe, Paul Bogle, George William Gordon, Marcus Mosiah Garvey, Alexander Bustamante, Norman Manley und Nanny, die legendäre Anführerin der Windward Maroons aus dem 18. Jh. Seit 1962 wurden diese sieben Jamaikaner unter dem Ehrentitel ›The Right Excellency‹ zu National Heroes ernannt, einige von ihnen sind auch hier bestattet. Außerdem befinden sich die Grabstätten des Premierministers Michael Manley († 1997) und der Dichterin Louise Bennet-Coverly († 2006) im Hain.

Uptown – Spaziergang mit Königen und Millionären

Über die Maresceaux Road oder Slipe Road erreicht man *Cross Roads*, die Nahtstelle zwischen Downtown und New Kingston. Dieser Stadtteil wird von der nordöstlich verlaufenden *Old Hope Road* und der nordwestlich verlaufenden *Half Way Tree Road* gerahmt. Die nördliche Querverbindung zwischen diesen beiden Verkehrsadern stellt die *Hope Road* her.

Südwestlich der Old Hope Road, am No. 4 Tom Redcam Drive, befindet sich das **Little Theatre** 17 (Tel. 876-926-61 29), Heimstätte des *Little Theatre Movement*, welches seit 1941 Kingstons Theaterszene prägt. Berühmt sind die Aufführungen der *National Pantomime* (26. Dez.–30. April). Vor meist ausverkauftem Haus wird dieses bedeutende Musical- und

Kabarettereignis des Jahres zelebriert, es ist voll von deftigen Anspielungen auf Alltagsleben, Politik und Wirtschaft Jamaikas. Zu dem qualitätvollen Spielplan des Theaters gehören außerdem Auftritte der National Dance Theatre Company (Juli/Aug.) und der Jamaican Folk Singers. Die Werkstattbühne *Little Little Theatre* hat sich innovativen Bühnenproduktionen verschrieben.

Der Arthur Wint Drive führt zum Sportolymp Kingstons, dem **National Stadium** 18 für Leichtathletik und Fußball, und zur *National Arena*, in der u. a. Reggae-Konzerte stattfinden. Die Statue des begeisterten Fußballamateurs Bob Marley und der *Independence Park* vervollständigen das Ensemble. Weiter östlich ragen entlang des **Knutsford Boulevard** 19 die Hotelhochhäuser des *Jamaica Pegasus* und des *Hilton Kingston* in den Himmel. Ihnen

Halb-Zeit – der Clock Tower am Half Way Tree markiert eine halbe Wegstrecke und manchmal sogar die richtige Uhrzeit ▷

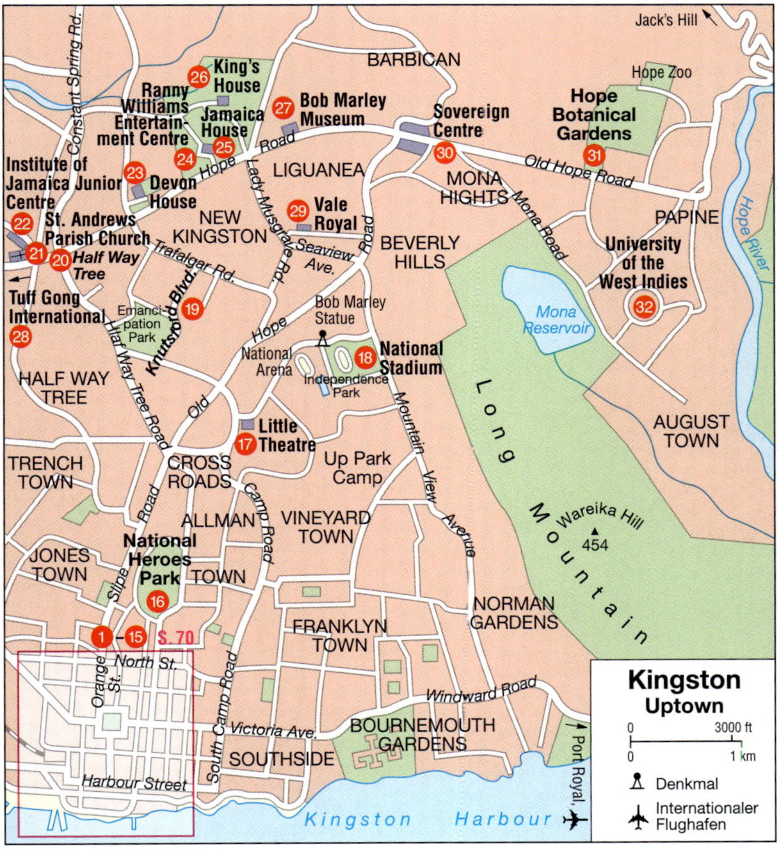

zu Füßen liegt das Geschäftsviertel New Kingston mit seinen Malls, Restaurants, Nachtklubs, Botschaftsgebäuden und dem *Emancipation Park* (2002). Er ist mit Skulpturen, Brunnen, einer Konzertbühne und einem Jogging Pfad ausgestattet.

Dahinter verläuft die Half Way Tree Road zum *Clock Tower*, dort, wo einst ein großer Baumwollbaum, der **Half Way Tree** 20, die halbe Wegstrecke zwischen den Garnisonsstädten Port Henderson und Newcastle markierte. Die Straßenkreuzung mit ihren Shops und Malls gehört zu den betriebsamsten Verkehrsknotenpunkten Kingstons. Vom *Bus Terminal* beim Nelson Mandela Park gehen Busse auf die Fahrt zu verschiedenen Orten der Insel. An der Kreuzung Eastwood Park Road und Hagley Park Road erhebt sich die **St. Andrews Parish Church** 21, ein schlichtes Backsteingebäude, eingerahmt von einem mit alten Grabsteinen geschmückten Friedhof. Die Gründung der Kirche geht auf das Jahr 1666 zurück, der heutige Bau mit seinen hübschen Glasmalereien stammt von 1700 (später mehrfach verändert).

Nahebei, im hübsch restaurierten früheren *St. Andrew Parish Courthouse* (1807) mit seiner Veranda und grünen Fensterläden, ist das **Institute of Jamaica Junior Centre** 22 (www.instituteofjamaica.org.jm) untergebracht, das Kurse für Kinder und Jugendliche in den Bereichen Kunst, Musik, Tanz, Theater usw. anbietet.

TOP TIPP Von Half Way Tree gelangt man über die Hope Road zum **Devon House** 23 (26 Hope Rd., Tel. 876-929-66 02, www.devonhousejamaica.com, Touren Mo–Sa 9.30–17, Läden bis 18 Uhr, Park & Restaurants tgl. 10–22 Uhr), das in einem von Königspalmen beschatteten Parks liegt. George Stiebel, der erste schwarze Millionär Jamaikas, ließ sich 1881 diese prächtige *Stadtvilla* errichten, nachdem er ein Vermögen in den Goldminen von Venezuela gemacht hatte. Das zweigeschossige weiße Gebäude, heute eine *National Heritage Site*, wirkt heiter und luftig. Schmuckelemente wie der anmutige Brunnen, die zierliche Freitreppe, die von schlanken Säulen getragene Vorhalle und der Balkon der Beletage beleben den von eleganten hohen Fenstern durchlichteten Baukörper, der ebenso wie das Dach mehrfach zurückgestuft ist. Das Innere ist mit europäischen und karibischen Möbeln, Antiquitäten und Gemälden geschmückt. In den Nebengebäuden und früheren Stallungen locken Läden mit Kunsthandwerk und Souvenirs, u. a. *Wassi Art Pottery* und *Things Jamaican*, eine Bäckerei und Cafés, der Eissalon *I-Scream* und das Restaurant *Norma's on the Terrace*, wo jamaikanische Gaumengenüsse geboten wer-

Ein Dorn im Auge des Establishments – das Devon House setzte 1881 neue Maßstäbe für die bis dahin eher bescheidene Wohnkultur schwarzer Jamaikaner

den. Devon House veranstaltet zahlreiche Kulturevents rund um Kunst, Kunsthandwerk und Kulinaria.

Auch das **Ranny Williams Entertainment Centre** 24 mit dem *Louise Bennet Garden Theatre* an der Hope Road ist Schauplatz von Events und Konzerten.

Von weiten Grünflächen gerahmt präsentiert sich das 1960 errichtete **Jamaica House** 25. Der Amtssitz des Premierministers ist nicht öffentlich zugänglich. Im 1694 errichteten **King's House** 26 (Besichtigung auf Voranmeldung, Tel. 876-927-64 24) residiert der Generalgouverneur als Vertreter der britischen Queen mit Blick auf den herrlichen Park. Die Tour führt durch die Empfangssäle, das Speisezimmer und den Ballsaal. Allenthalben blicken die Porträts der Gouverneure und Royals von den Wänden herab.

Ein anderer ›King‹ lebte bis zu seinem Tode 1981 nicht weit von hier. 1975 hatte der Reggae-Musiker Bob Marley die Villa an der Hope Road als Wohnhaus und Musikstudio erworben. Heute fungiert

TOP TIPP

sie als **Bob Marley Museum** 27 (56 Hope Rd., Mo–Sa 9.30–16 Uhr, Tel. 876-927-91 52, www.bobmarley-foundation.com). Auf dem Vorplatz, den heute eine *Statue* Marleys mit Gitarre schmückt, spielte er einst mit den ›Wailers‹ und anderen Freunden Fußball. In den *Tuff Gong Studios* fanden sich damals täglich Reggae-Größen ein, um Aufnahmen für ihre neuesten Platten zu produzieren. In diesen Studios wuchsen auch Bob Marleys Kinder in die Musikszene hinein. Sie gründeten später die Band *Ziggy Marley & The Melody Makers*.

Auf der 60-minütigen **Tour** durch das Museum werden die Stationen einer großartigen Karriere wieder lebendig. Ein Raum mit Einschusslöchern erinnert aber auch an das *Attentat* auf Bob und Rita Marley während des Wahlkampfes 1976, unmittelbar vor dem ›Smile Jamaica Concert‹, mit dem Premierminister Michael Manley die aufgebrachten Massen hatte besänftigen wollen. Marley wurde leicht verletzt, absolvierte aber dennoch die Bühnenshow. Andere Zimmer präsentieren Gold- und Platin-LPs, Bühnenkostüme, Zeitungsausschnitte und Kulissen aus Marleys Frühzeit im Ghetto von Trench Town. In den Wohnräumen und deren Ausstattung wird spürbar, wie er als gläubiger Rastafari gelebt hat. Nebengebäude bergen Souvenir- und Musikshops sowie einen Vorführraum, in dem ein *Dokumentarfilm* über das Leben des

›Reggae, my Life‹ – in Bob Marleys einstiger Residenz an der Hope Road dreht sich das Leben noch immer um die Musik

Soul Rebel gezeigt wird. Ital Food serviert das kleine *Sunfire Juice Club and Restaurant* beim Haupteingang.

Die von Bob Marleys Sohn Ziggy geleiteten Studios **Tuff Gong International** 28 (220 Marcus Garvey Drive, Tel. 876-923-93 80, www.bobmarley-foundation.com, Besichtigung jederzeit mögl.) sind heute im Südwesten von Kingston nahe Port Bustamante beheimatet. Hier spielen Stars aus Jamaika, der Karibik und den USA ihre Aufnahmen ein und nehmen Videos auf. Es gibt auch eine Produktionsstätte, wo Platten gepresst bzw. CDs aufgezeichnet werden, sowie einen gut bestückten Musikladen.

Im Viertel Liguanea südlich der Hope Road steht **Vale Royale** 29 (Musgrave Rd./Montrose Rd.), die Privatresidenz des Premierministers. Die 1694 erbaute Villa, seit 1928 in Regierungsbesitz, wird von einem jener hölzernen Turmaufsätze bekrönt, die einst den im Handel tätigen Hausherren als Aussichtskanzeln dienten. So konnten sie das Kommen und Gehen im Hafen von zuhause beobachten.

Die Hope Road führt von hier weiter nach Osten und mündet beim **Sovereign Centre** 30 mit seinen zahlreichen attraktiven Läden und Restaurants in die Old Hope Road.

›Play I some Music‹ – in den 1970er-Jahren stand der Reggae-Sänger Bob Marley am Anfang einer großen Karriere

Soul Rebel und King of Reggae

Eine unverwechselbare Stimme und Ausstrahlung, der hypnotische Rhythmus der Reggae Music und Texte, die Herz und Seele anrühren, machten Bob Marley als ersten Musiker eines Landes der Dritten Welt zum Superstar. Seine Songs haben Kultstatus und erobern noch heute, mehr als 25 Jahre nach seinem Tod, immer wieder als Remakes die internationalen Hitparaden.

Robert Nesta Marley wurde am 6. Februar 1945 im Dorf Nine Mile [Nr. 11] in St. Ann als Sohn der schwarzen 17-jährigen Cedella Malcolm und des weißen 51-jährigen Plantagenaufsehers Captain Norval Marley geboren, die eine flüchtige Affäre hatten. Bob Marley verbrachte seine Jugend im Kingstoner Ghetto **Trench Town**, wo in den 1960er-Jahren auch seine Musiklaufbahn begann. Marleys Band hieß **The Wailers**. Die Gründungsmitglieder Bunny Livingstone ›Wailer‹ und Peter Tosh starteten später ebenfalls erfolgreiche Solokarrieren.

Das im Jahr 1973 veröffentlichte Album ›Catch A Fire‹, erstmals produziert in Zusammenarbeit mit **Chris Blackwell** auf dessen Island Records Label, markierte den internationalen Durchbruch Marleys, der den jamaikanischen Reggae weltweit bekannt machte. In den nächsten Jahren schrieb der Sänger und Gitarrist mit Alben wie ›Kaya‹, ›Natty Dread‹, ›Exodus‹, ›Rastaman Vibration‹, ›Survival‹ und ›Uprising‹ Reggae-Geschichte. Seine Lieder waren mitreißend, ihre **Botschaft** ergreifend und hoffnungsvoll. Marley prangerte zwar Unterdrückung und Rassismus an, fand aber im gewaltlosen Widerstand und im selbstverantwortlichen, positiven Lebensentwurf die Gewissheit auf Erlösung. In seiner Musik und seinem Handeln offenbarte der **Soul Rebel** die Stärken und Tugenden des Rastafari, getragen von Toleranz und Liebe zu den Menschen.

Nach dem Anschlag auf sein Leben während der politischen Parteikämpfe 1976 blieb Marley Jamaika zwei Jahre fern und kam erst 1978 zum berühmten **›One Love Peace Concert‹** nach Kingston zurück. Während seines Auftritts bat er die politischen Erzfeinde Michael Manley (PNP) und Edward Seaga (JLP) auf die Bühne und vereinte ihre Hände zu einer Geste der Versöhnung. Als Friedens-Ambassador wurde Marley sogar nach Afrika gerufen, wo er 1980 die Unabhängigkeit **Simbabwes** mit einem Konzert zelebrierte.

Doch damals fiel ein dunkler Schatten auf sein Leben. Als er dann am 11. Mai 1981, im Alter von 36 Jahren, in Miami an Krebs starb, betrauerte die Musikwelt den Verlust eines ihrer großen Idole. Auf Jamaika lebt der **Mythos** Bob Marley fort, in der Verehrung der Rastafari für einen ihrer Helden, in den jungen Sängern und Sängerinnen, die das musikalische Erbe Marleys antreten, und in seiner Familie, die die Erinnerung durch Musikproduktionen, durch Mode- und Schuhdesign sowie eine Vielzahl sozialer und künstlerischer Stiftungen wach hält.

Am Rande von New Kingston, mit Blick auf die Blue Mountains breiten sich auf dem Gelände einer früheren Plantage die **Hope Botanical Gardens** 31 (Royal Botanical Gardens, Old Hope Road, tgl. 7–18 Uhr, Tel. 876-927-12 57) aus. Die 1880 gegründeten Gärten mit Coconut Museum, Orchideenhaus, Palm Avenue etc. und der kleine *Hope Zoo* sind am Wochenende Ziel vieler jamaikanischer Familien.

Gleich gegenüber öffnet sich der weitläufige Campus der **University of the West Indies** 32 (Tel. 876-927-16 60, www.mona.uwi.edu, Touren auf Voranmeldung Mo–Fr 9–16 Uhr), Lernstätte für etwa 11 000 Studenten. Als hier noch die Zuckerpflanzung *Mona* in Betrieb war, erfolgte die Wasserversorgung mittels eines Aquädukts, dessen Steinbögen z. T. noch erhalten sind. In einem restaurier-

Kunstkosmos Kingston – das Wandgemälde auf dem Campus der University of the West Indies schildert die Lebensstationen der Schüler und Studenten

ten Zuckersilo, das einst in Trelawny stand, ist die Universitätskapelle beheimatet.

Praktische Hinweise

Information

JTB, 64 Knutsford Blvd., Kingston, Tel. 876-929-92 00, Fax 876-929-93 75, Zweigstellen im Flughafen und an der Halfway Tree Rd.

Flughafen

Norman Manley International Airport, Palisadoes, Kingston, Tel. 876-924-84 52, www.manley-airport.com.jm

Tinson Pen Aerodrome, West Kingston, Tel. 876-923-96 98. Nationale Flüge.

Bus

Bus Terminals, Downtown westlich der Parade und Uptown am Half Way Tree. Minibusse zu allen Orten der Insel.

Taxi

JUTA, Tel. 876-926–15 37

Einkaufen

Busha Browne's, 38 Beechwood Ave., Kingston, Tel. 876-906-03 47. Köstliche und pfeffrige Saucen und Gewürze nach alten Plantagenrezepten.

Mutual Life Gallery, 2 Oxford Rd., Kingston, Tel. 876-929-43 02. Galerie für zeitgenössische jamaikanische Kunst, die auch die Avantgarde fördert.

Record Plaza, Tropical Plaza, Constant Spring Rd., Kingston, Tel. 876-926-76 45. Große Auswahl an Reggae- und Dancehall CDs.

Nachtleben

TOP TIPP **Asylum**, 69 Knutsford Blvd., Kingston, Tel. 876-906-18 28. Eine der coolsten Discos der Stadt mit exzellentem Sound, schönem Ambiente, hochinteressantem Publikum und tröstlichem Namen. Mo legt das Sound System Cash Money auf, Do machen die DJs von Stone Love Musik, Sa ist Remix Club Party etc. (Mo, Mi geschl.).

Passa Passa Wednesdays, Spanish Town Rd., Tivoli, Kingston. Straßenparty mit Dancehall Musik und aufregenden Tanzgruppen nahe Downtown.

The Quad, 20–22 Trinidad Terrace, Kingston, Tel. 876-754-78 23. Jamaikas ultimatives Vergnügungszentrum auf drei Etagen. Christopher's Jazz Café bringt coole Musik in gediegener Kulisse. O2 Oxygen entführt in die Hightech-Disco-Welt mit spektakulären Beleuchtungseffekten und Hits der US Charts. Die VooDoo Lounge zeigt sich ganz Retro mit dem Sound der letzten 30 Jahre.

Weddy Weddy Wednesdays, Stone Love Headquarters, 41 Burlington Ave.,

Jamaika, seine Flagge und seine Farben – Schwarz für die Menschen, Grün für das Land und Gold für die Sonne

Kingston. Straßenfest des berühmten Sound Systems in Uptown.

Hotels

*******Jamaica Pegasus**, 81 Knutsford Blvd., Kingston, Tel. 876-926-36 90, Fax 876-929-58 55, www.jamaicapegasus.com. Professionell geführtes Hochhaushotel (300 Zi.) in zentraler Lage mitten in New Kingston. Das Haus verfügt über drei Restaurants, zwei Bars, Pool, Tennisplätze, Fitnessraum und Shops.

*******Hilton Kingston**, 77 Knutsford Blvd., Kingston, Tel. 876-926-5430, Fax 876-929-74 39, www.hiltoncaribbean.com/kingston. 18-stöckiges Luxushotel mit 303 Zimmern und Suiten, schönem Garten, vier Restaurants, Bars, Nightclub, Pool, Tennisplätzen und Health Centre.

******Courtleigh Hotel & Suites**, 85 Knutsford Blvd., Kingston, Tel. 876-929-90 00, Fax 876-926-77 44, www.courtleigh.com. Modernes Businesshotel mit guter Ausstattung und dem Mingles Pub, einem beliebten After-Work-Treffpunkt der Kingstonians.

******Terra Nova**, 17 Waterloo Rd., Kingston, Tel. 876-926-22 11, Fax 876-929-49 33, www.terranovajamaica.com. Luxuriöses Hotel mit gediegen eingerichteten Suiten, Pool, Fitness Centre und ausgezeichnetem Restaurant.

*****Four Seasons**, 18 Ruthven Rd., Kingston, Tel. 876-929-76 55, Fax 876-929-59 64. Gemütliche Herberge mit gutem Service.

****Altamont Court**, 1–5 Altamont Crescent, Kingston, Tel. 876-929-44 97, Fax 876-929- 2118, www.altamontcourt.com. Freundliches Hotel mit 58 Zimmern und Pool unweit des Knutsford Blvd.

Restaurants

Boon Hall Oasis, Stony Hill, Kingston, Tel. 876-942-30 64. Der beste Platz für Lunch und jamaikanischen Sonntags-Brunch (Mi–So 10–15 Uhr, auf Voranmeldung).

Chelsea Jerk Chicken, 7 Chelsea Ave., Kingston, Tel. 876-926-6322. Täglich Jerk-Spezialitäten zu günstigen Preisen.

Eden, Shop 24, 13 Constant Spring Rd., Kingston, Tel. 876- 926-30 51. Vegetarisches Restaurant mit vielseitigem Menü und nettem Ambiente (tgl. 10–19 Uhr).

Grog Shoppe, Devon House, 26 Hope Road, Kingston, Tel. 876-960-97 30. Kleine karibische Köstlichkeiten und Salate sowie gute Cocktails genießt man auf der malerischen Terrasse. Abends Jazz oder Karaoke.

Guilt Trip, Orchid Patch, 20 Barbican Rd., Kingston, Tel. 876-977-51 30. Das Café im Grünen hinter dem Sovereign Centre serviert selbst gebackenes und innovative karibische Fischgerichte.

Hot Pot, 2 Altamont Terrace, Kingston, Tel. 876-929-39 06. Jamaikanische Genussfaktoren wie *Fried Fish & Bammy* oder *Curried Goat*, dazu frisch gepresste Säfte, schon zum Frühstück, machen das Lokal zu einem beliebten Treffpunkt der Kingstonians.

TOP TIPP **Norma's on the Terrace**, Devon House, 26 Hope Road, Kingston, Tel. 876-968-54 88. In stilvollem Ambiente und mit Gartenblick werden jamaikanische Kreationen gemäß hoher Kochkunst geboten (So. geschl.).

29 Port Royal

Der größte Teil der einst gefürchteten Piratenhochburg liegt heute auf dem Meeresgrund.

Mit dem Fährboot vom *Ferry Terminal* am Ocean Boulevard in Kingston kann man in 30 Min. über die Bay zum Anleger von Port Royal übersetzen. Vom *Bus Terminal* unweit der Kingstoner Parade benötigt der Minibus einige Minuten länger, um über die schmale Halbinsel **Palisadoes**, vorbei am Norman Manley International Airport, bis an die äußerste Spitze der Landzunge zu gelangen.

Im 17. Jh. galt Port Royal, damals auf einer Insel an der Einfahrt der großen Bay

Sicher wie der Tresor der Bank von England – Fort Charles war nur eine von sechs Festungen, die einst das sagenhaft reiche Port Royal bewachten

gelegen, als eine der bedeutendsten *Hafenmetropolen* der Karibik. Die lebhafte, von sechs Forts gerahmte, unendlich reiche **Piratenhochburg** zählte im Jahr 1692 rund 8000 Einwohner (das waren doppelt so viel wie 40 Jahre zuvor auf ganz Jamaika gelebt hatten). Am 7. Juni des Jahres jedoch riss ein mächtiges *Erdbeben* einen großen Teil der Stadt in die See, 3000 Bewohner wurden Opfer der Katastrophe. Die strategisch günstige Lage des geschundenen Port Royal rief wenig später die britische Marine erneut auf den Plan, die den Hafen zu einem wichtigen **Flottenstützpunkt** ausbaute. Im Laufe des 19. Jh. zog sich dann die Marine

Kein Pirat hätte sich mit einem solchen Beiboot blicken lassen – doch die wohlhabenden Kingstonians sind stolz auf ihre schnittigen Gefährte im Jachthafen von Port Royal

zurück. Von dem alten Glanz und legendären Ruf als wildes Sündenbabel blieb schließlich nichts mehr als ein kleiner, verschlafener Fischerort, und so präsentiert sich Port Royal bis heute.

Aus den Schießscharten von **Fort Charles** (Tel. 876-967-84 38, www.jnht.com, tgl. 9–17 Uhr) im Südosten des Ortes ragen immer noch drohend Kanonenrohre hervor, doch es dient schon seit langem nur noch als Museum. Bereits 1655 legten die Engländer den Grundstein für die Festung, die im Laufe der Jahre immer wieder umgebaut wurde. Als einziges der sechs Forts überstand es das Erdbeben von 1692. Das kleine **Maritime Museum** im Hof der Backsteinburg präsentiert heute Funde aus der Frühzeit der Besiedlung sowie Dokumente, Schiffsmodelle und ein Stadtmodell aus der Zeit vor der Zerstörung. Vorbei an der inneren Wehrmauer gelangt man zum Ausguck *Nelson's Quarterdeck*. Der 20-jährige Seeoffizier Horatio Nelson führte 1777 das Kommando über die Anlage und soll von hier nach feindlichen französischen Schiffen Ausschau gehalten haben. Nicht weit entfernt vermittelt der beim Erdbeben von 1907 aus dem Gleichgewicht geratene Munitionsbunker, heute *Giddy House* genannt, ein gewisses Schwindelgefühl, vor allem, wenn man versucht, im schiefen Innenraum herumzulaufen. Auch die benachbarte mächtige *Victoria & Albert Battery* des Forts wurde damals aus der Verankerung gerissen.

Nordwestlich des Forts erhebt sich die ungewöhnliche monumentale Gusseisenskelettkonstruktion des **Old Naval Hospital**. Die in England vorgefertigten Bauteile gelangten per Schiff nach Jamaika. Das 1742 errichtete Marinelazarett, nach einem Brand 1819 erneuert, war bis 1905 in Betrieb. Heute zeigt hier das **National Museum of Historical Archaeology** (Tel. 876-967-80 72, www.jnht.com, Mo–Sa 10–17 Uhr) Funde aus der versunkenen Stadt. Es gibt Pläne, diese Unterwasserstadt in großem Rahmen zu erforschen und touristisch zu inszenieren.

Pisa lässt grüßen – ganz schön auf die schiefe Bahn geraten ist auch das Giddy House in Fort Charles

Sündenbabel – plötzlich vom Meer verschluckt

Nachdem die britische Flotte 1655 den Spaniern die Kolonie Jamaika entrissen hatte, galt Port Royal jahrzehntelang als wichtigster karibischer Heimathafen der **Buccaneers**, die mit einem Freibrief Ihrer britischen Majestät ausgestattet den voll beladenen spanischen Schatzschiffen auflauerten und sogar spanische Häfen am amerikanischen Festland überfielen. Die Engländer waren in dieser Zeit auf die wilden Haudegen, auch **Privateers** genannt, angewiesen, denn sie halfen, die britischen Besitzungen zu schützen. Außerdem flossen Erlöse aus ihren Raubzügen in die königlichen Kassen.

Die von den Kaperfahrten mit märchenhaften Reichtümern heimkehrenden Buccaneers führten ein Leben in Saus und Braus. In den Gassen von Port Royal gab es natürlich Läden für Schiffsausrüstung und Proviant, doch vor allem Hunderte von Spelunken und Bordellen, in denen die Abenteurer jedem erdenklichen Laster frönten. Doch es gab auch Kirchen im Hafen, und von deren Kanzeln verdammten die Prediger den Ort als die **lasterhafteste Stadt auf Erden**. – Immer wieder hatte ein leichtes Grummeln die Bewohner irritiert. Um die Mittagszeit des 7. Juni 1692 erschütterte dann ein gewaltiges Erdbeben den Ort, das Meer verschlang ihn zur Hälfte. Der Stern der Freibeuter aber war schon lange vor der Katastrophe untergegangen. Die Engländer benötigten die jetzt als **Piraten** gebrandmarkten einstigen Verbündeten nicht mehr und hatten mit **Henry Morgan** sogar einen ihrer berüchtigsten Anführer 1674 zum Gouverneur von Jamaika ernannt, damit er seinen alten Kumpanen das Handwerk lege. Heute befinden sich die Überreste der **Sunken City** 15–20 m unter der Wasseroberfläche, auch das Grab von Henry Morgan hat sich vor gut 400 Jahren das Meer geholt.

serne Röhren sollen es eines Tages ermöglichen, in den Straßen der versunkenen Viertel zu schlendern. Auch im erhaltenen Teil der Stadt sollen die Hafenanlagen und die historische Bebauung in Zukunft wieder hergestellt werden, ausgestattet mit Läden, Restaurants und Museen. *Bojen* vor der Küste markieren die Lage einiger versunkener Kirchen und Forts. Auf einer Fahrt mit einem Glass Bottom Boat oder bei einem Tauchgang kann man das jamaikanische ›Atlantis‹ erkunden.

An der zentralen Church Street erhebt sich die 1726 errichtete **St. Peter's Anglican Church**. Der äußerlich schlichte Bau verfügt über eine hübsche Innenausstattung, besonders kunstvoll ist die aus Mahagoni und Zedernholz geschnitzte Orgelempore (1743).

Das **Old Goal House** (17. Jh.) in der Goal Street übrigens stammt noch aus der Zeit vor dem Erdbeben. Es diente einst als das Gefängnis von Port Royal.

Ausflug

Wer einige Stunden auf einer Robinsoninsel fernab des Getümmels von Kingston verbringen will, kann vom *Morgan's Harbour Hotel* in Port Royal mit dem Wassertaxi in 15 Min. nach **Lime Cay** übersetzen. Die unbewohnte begrünte Koralleninsel scheint samt ihrer weichen Sandstrände auf dem türkisfarbenen Meer zu schwimmen. Während der Woche hat man das Eiland fast für sich allein, und mit einem Picknickkorb ausgestattet kann man hier schöne Stunden verbringen. Am Wochenende nehmen die Kingstonians dann Lime Cay und die Nachbarinseln in Besitz, und Händler versorgen die Badegäste mit Speis und Trank.

i Praktische Hinweise

Hotel

*****Morgan's Harbour Hotel**, Port Royal, Tel. 876-967-80 40, Fax 876-967-88 73, www.morgansharbour.com. Haus in dekorativer Lage an der Bay mit Marina und zwei Restaurants, Pool und schönem Blick auf Kingston mit den Blue Mountains.

Restaurant

Gloria's Rendezvous, 5 Queen St., Port Royal, Tel. 876-967-80 66. Berühmt ist dieser Imbiss Shop mit Tischen im Freien für *Fish Tea* (Fischsuppe) und köstlichen frischen Fisch.

30 Jack's Hill

Dorf in herrlicher Panoramalage.

Nach nur 30 Min. Fahrt von der Hope Road in New Kingston über Papine nach Nordosten befindet man sich bereits in der Bergwelt der Blue Mountains. Das Dorf Jack's Hill liegt auf einem Höhenrücken am panoramareichen *Skyline Drive* (von Papine über Gordon Town Road, nach 1 km Abzweigung Skyline Drive). Die *Aussicht* von hier auf die Berge, das Gebiet gehört zum 1993 eingerichteten **Blue Mountains-John Crow Mountains National Park**, hinab zur Metropole Kingston und hinaus aufs Karibische Meer sind wahrlich atemberaubend und auch für solche Bewunderer ein Genuss, die Wanderungen durch die Blue Mountains zu anstrengend finden.

31 Blue Mountain Peak

Blue Mountain Coffee, herrliche Wanderungen und Gipfelerlebnisse.

Vom Kingstoner Vorort Papine, wo auch die letzte Tankstelle vor der Fahrt in die Blue Mountains zur Verfügung steht, geht es über die Gordon Town Road etwa 3 km bis zum Dorf *The Cooperage*, hier zweigt links die B1 Richtung Newcastle [Nr. 32] ab, rechts aber führt eine Straße durch das Tal des Hope River nach **Gordon Town**. Von dem hübschen Dorf, benannt nach den Gordon Highlanders of

In-Insel – Lime Cay ist der kleine Badeliebling in der Kingston Bay

Scotland, die das britische Militär hier stationiert hatte, gehen kürzere und längere Wanderwege in die Berge. Der bekannteste, meist nur als *Track* bezeichnet, ist der 21 km lange Gordon Town Trail. Er führt über Industry und Redlight bis zum *Sugar Loaf* auf 2100 m Höhe.

Von Gordon Town geht es weiter bergauf bis **World's End**. Keineswegs am Ende der Welt, sondern mitten im Anbaugebiet des berühmten Blue Mountain Coffee liegt dieses Dörfchen. Auf steilen Feldern an den Berghängen zwischen üppigem Hochwald sind Kaffeesträucher in ordentlichen Reihen gepflanzt. Bei Connaisseurs gilt der *Blue Mountain Coffee* aus den Verarbeitungsbetrieben von **Mavis Bank**, einem kleinen Dorf am Rand der Blue Mountains einige Kilometer weiter östlich, als das höchste der Gefühle. Das Gütesiegel von **Jablum**, der jamaikanischen Kaffeezüchtervereinigung, erhalten nur ausgewählte Kaffeesorten höchster Qualität, die in einer der vier autorisierten Fabriken Jamaikas verlesen und geröstet wurden. In Mavis Bank steht einer dieser Verarbeitungsbetriebe, die *Jablum Coffee Factory* (auf Voranmeldung, Tel. 876-977-85 28, www.jablumonline.com). Bei einer Führung durch die Anlage lernt man die Produktionsschritte der begehrten teuren Bohnen kennen.

Die Berggipfel hat man im Visier, wenn man der nur mit einem Jeep zu befahrenden Straße bis *Hagley Camp* folgt, wo die Route nach Norden abbiegt, zu dem 12 km entfernten Trekking Camp von *Whitfield Hall*. Wanderer verlassen die schlichte Herberge meist gegen 2 Uhr nachts, um in Begleitung kundiger Führer über

TOP TIPP

den *Blue Mountain Peak Trail* zum 2256 m hohen **Blue Mountain Peak**, dem König der Blauen Berge, aufzusteigen und dort den Sonnenaufgang zu erleben. Der Pfad geht durch Wäldchen geduckter Nadelbäume, in denen Moose, Zwergorchideen und Farne wachsen, vorbei an blumengeschmückten Bergwiesen, immer höher hinauf. Am treffend *Lazy Man's Peak* genannten 2130 m hohen Plateau schlägt für fußmüde Bergwanderer die Stunde der Wahrheit. Doch es lohnt sich, weiter bergan zu schreiten, denn auf dem *Gipfel* angekommen wird man, klare Sicht vorausgesetzt, bei Sonnenaufgang mit einem spektakulären Rundumpanorama belohnt, das alle Anstrengungen vergessen lässt. Von dieser himmlischen Warte aus sieht man weit über die bildschönen Berge und Täler der Insel, Scharfäugige können am Horizont sogar einen schmalen Landstreifen als Gruß der fernen Insel Kuba ausmachen.

Jamaikanische Wanderslust – auf vielen Routen können Naturfreunde die herrliche Bergwelt der Blue Mountains erkunden

Wolkenkuckucksheim – hoch in den Blue Mountains liegen die kleinen Farmen wie Spielzeughäuschen im satten Grün

Praktische Hinweise

Touren

TOP TIPP **Sun Venture Tours**, 30 Balmoral Ave., Kingston, Tel. 876-960-66 85, Tel. 876-469-44 44, www.sunventuretours.com. Die in der Hauptstadt ansässige Agentur bietet Wandertouren unterschiedlicher Längen und Schwierigkeitsgrade. Unter der Leitung bergerprobter Führer geht es durch die einsamen Regionen der Blue Mountains.

Noch ein Schäufelchen Kaffee gefällig? – In Mavis Bank wird der kostbare Blue Mountain Coffee an der Sonne getrocknet

Auch Ausflüge zu anderen Attraktionen Jamaikas gehören zum Angebot.

Unterkunft

****Forres Park**, nahe Mavis Bank, Tel. 876-927-59 57, www.forrespark.com. Nette Herberge in den Blue Mountains und idealer Ausgangspunkt für Wandertouren.

***Whitfield Hall**, östlich von Penlyne Castle, Tel. 876-927-09 86, www.whitfieldhall.com. Einfache Unterkunft und Startpunkt für viele Wanderer auf dem Weg zum Blue Mountain Peak.

32 Newcastle und Hollywell National Park

Beschwerliche Passstraße mit traumhaften Landschaftspanoramen.

Recht anstrengend ist die Fahrt über die B1, jene kurvenreiche Bergstraße, die sich von Kingston durch die Blue Mountains nach Buff Bay an der Nordküste windet. Entlang der Route entschädigen jedoch die prächtigen Panoramen der bewaldeten, hintereinander verschachtelten Berggipfel der Blue Mountains, die tatsächlich

Die Roten ins Töpfchen – die Kaffeekirschen werden sorgfältig verlesen

James Bond trinkt ihn, die Queen auch

Der Kaffee aus dem Hochland der Blauen Berge, der **Blue Mountain Coffee**, gilt als einer der besten Sorten der Welt. Dank seines milden, vollen Aromas und des leicht süßlichen Geschmacks wird er unter Kennern wie Mr. Bond und Queen Elizabeth II. als besondere **Delikatesse** gehandelt. Mit einem Preis von etwa 30–50 US$ pro Pfund stellt dieser Genuss jedoch einen Luxus dar, den sich nur wenige leisten können. Angefangen hatte alles mit einigen Setzlingen von Sträuchern **äthiopischen Hochlandkaffees**, die Jamaikas Gouverneur Sir Nicholas Lawes 1728 aus Martinique importiert hatte. Sie gediehen hervorragend im milden, feuchtnebligen Klima auf den fruchtbaren Terrassenböden an den Südhängen der Blue Mountains. Französische Pflanzer, die auf der Flucht vor den Sklavenaufständen 1801 von Haiti nach Jamaika kamen, kultivierten die Plantagen weiter, und bald avancierte die Insel zum größten Kaffeeproduzenten der Welt. Nach dem Ende der Sklaverei 1838 versuchten viele Freigelassene mit dem Anbau von Kaffee ihr Auskommen zu finden. Die Erntemengen stiegen gewaltig, aber Qualität und Preis konnten sich auf dem Weltmarkt in Konkurrenz zu neuen Erzeugerländern wie Brasilien nicht durchsetzen. Jamaikas Kaffeeproduktion stagnierte und ging schließlich drastisch zurück.

Erst Mitte des 20. Jh. vollzog sich der wundersame Aufstieg des Blue Mountain Coffee zum **Kultgetränk**. Strenge Richtlinien zu Anbau und Verarbeitung definierten den hohen **Qualitätsstandard**, geschicktes Marketing tat ein Übriges. Vier Fünftel der hiesigen Ernte gehen inzwischen nach Japan, wo sich die Kaffee-Aficionados die gute Tasse echten Blue Mountain Coffee eine ganze Menge Yen kosten lassen. Einige der Hochlandplantagen Jamaikas sind sogar in japanischem Besitz.

Bis zu 10 Monate reifen die roten **Kaffeekirschen** an den Sträuchern, die in Höhenlagen ab 800 m gedeihen, dann werden sie per Hand gepflückt. In den Verarbeitungsbetrieben schält man aus den Beeren zunächst die paarigen Steinkerne heraus und aus diesen, durch Entfernen der Pergamenthülle, die grünen **Kaffeebohnen**. Die Bohnen werden anschließend unter häufigem Wenden im Freien getrocknet. Zum Schluss wird der Rohkaffee geröstet, wodurch sich die alles entscheidenden Aroma- und Geschmacksstoffe bilden. Je nach gewünschter Geschmacksrichtung fällt die **Röstung** leichter oder schärfer aus. Die Zubereitung des Kaffees ist dann bekanntlich eine weitere bedeutende Kunst.

›Strawberry Hills for Ever‹ – das mehrfach ausgezeichnete Hotel in den Blue Mountains gehört dem Musikproduzenten Chris Blackwell

in den Namen gebenden bläulichen Dunst getaucht erscheinen, für die Strapazen. Nach etwa 40-minütiger Fahrt von Kingston aus erreicht man zunächst das Dorf *Irish Town* mit dem renommierten, traumhaften Hotel **Strawberry Hill**, in dem auch Musikstars wie die Rolling Stones häufig zu Gast sind.

Traditioneller Standort des Militärs wiederum ist der weiter nördlich gelegene Ort **Newcastle**. Hier führt die Straße mitten über den *Parade Ground*, der heute als Aufmarschplatz zur Kaserne der *Jamaica Defense Force* gehört. Nicht etwa wegen der fantastischen Aussicht wurden 1841 erstmals Truppen in Newcastle stationiert. Die Engländer hatten den 1200 m hoch gelegenen Militärstützpunkt gewählt, um der Gelbfiebergefahr in den Niederungen zu entkommen.

Wenig später erreicht man den Pass **Hardwar Gap** (1300 m). Hier ist zugleich die Hälfte der Fahrtstrecke zwischen Kingston und der Nordküste (insgesamt 66 km) erreicht. In der 1930 errichteten Herberge *Gap Café* wird heute neben jamaikanischen Gerichten köstliches Gebäck und Blue Mountain Coffee serviert. Während eines Aufenthalts in den 1940er-Jahren soll der Schriftsteller Ian Fleming in diesem Haus seinen ersten James-Bond-Roman ›Dr. No‹ konzipiert haben.

Der Hardwar Gap liegt mitten im Kaffeeanbaugebiet und ist ein guter Ausgangspunkt, um die Bergwelt des **Hollywell National Park** zu erkunden. Er ist Teil des die östlichen Bergketten umfassenden Blue Mountains-John Crow Mountains National Park. Hollywell, das Erholungsgebiet der Kingstonians, ist ein bewaldetes Areal mit vielfältiger Pflanzen- und Vogelwelt und verfügt über einige schöne Wanderwege. Einer der Ausflüge führt zum *Catherine's Peak* (1542 m), dem höchsten Gipfel in diesem Teil des Gebirges. Er trägt den Namen der Lady, die ihn 1760 als erste Frau bestieg, und bietet fantastische Ausblicke auf die Bergkulisse und auf Kingston.

Im Gleichschritt Marsch – die Jamaica Defense Force ist in Newcastle stationiert

Am Hardwar Gap beginnen auch die *Blue Mountain Bicycle Tours*, erlebnisreiche Mountainbike Touren auf der kurvigen Strecke bergab durch die fantastische Berglandschaft, vorbei an Wasserfällen und Kaffeeplantagen.

Wer zählt die Blumen, kennt die Namen – im Botanischen Garten von Castleton blüht auch die ›Orchidee des armen Mannes‹

Praktische Hinweise

Touren

Blue Mountain Bicycle Tours, 15 Santa Maria Plaza, 121 Main St., Ocho Rios, Tel. 876-974-70 75, Fax 876-974-06 35, www.bmtoursja.com. Downhill Tour inklusive Frühstück und Lunch sowie Bademöglichkeit an einem Wasserfall. Zubringer zum Startpunkt per Bus.

Hotel

****__Strawberry Hill__, Irish Town, Tel. 876-944-84 00, Fax 876-944-84 08, www.islandoutpost.com. Paradiesische Anlage in den Blue Mountains mit himmlischem Panorama und tropischem Garten. Auf der seit 1780 bestehenden Plantage eröffnete der Musikproduzent Chris Blackwell 1994 das aus preisgekrönten Cottages im Stil des 19. Jh. bestehende Hotel mit Top-Restaurant und vielseitigem Wellnessprogramm.

Restaurant

Gap Café, Hardwar Gap, Tel. 876-997-30 32. Das Tradtionslokal direkt am Pass bietet preiswertes jamaikanisches Frühstück, Lunch und britische Tea-time.

33 Castleton Botanical Gardens

TOP TIPP *47 verschiedene Palmenarten und ein Strychnin-Baum, der es in sich hat.*

Ein lebendiges Bilderbuch der karibischen Fauna gibt es etwa 22 km nördlich von Kingston zu betrachten. Die Castleton Botanical Gardens (an der A3, Tel. 876-942-07 17, tgl. 8–17 Uhr) wurden 1862 auf dem Areal der früheren Zuckerrohrplantage von *Lord Castleton* angelegt. Hier wachsen nicht nur Exemplare der einheimischen Flora, hier wurden auch Pflanzenarten aus anderen Teilen der Erde erstmals angebaut und kultiviert, die heute auf ganz Jamaika heimisch sind. Flamboyant Tree, Blauer Mahoe, Riesenhibiskus, Mango-, Mahagoni- und Teakbaum, Norfolk Kiefer, Muskat- und Kakaobaum oder Pimento mit seinem würzigen Holz schmücken den idyllischen 12 ha großen Grund, durch den der muntere *Wag Water River* sprudelt. Erstaunlich ist die Vielzahl an *Palmen*, man findet hier 47 Arten der eleganten

Lasst Palmen sprechen – in den Castleton Botanical Gardens flüstert die feingliedrige Straußenfederpalme mit dem Wind

Gewächse. Um sich die Feinheiten der Botanik und eine Begegnung der besonderen Art nicht entgehen zu lassen, sollte man einen der Führer (gegen ein Trinkgeld) engagieren, denn die Pflanzenkundigen weisen den Gast auch auf jene Exemplare des unscheinbaren Brechnussbaumes *Strychnos* hin, aus dessen Samen das lähmende Gift Strychnin gewonnen wird.

Zu den Castleton Botanical Gardens gehören ein netter Picknickplatz und ein *Café* mit Snacks und Getränken.

34 Port Henderson

Erinnerungsstücke an den alten Glanz des Seebades und Kolonialhafens.

Nachdem Port Henderson an der Mündung des *Rio Cobre* in die Kingston Bay als Marinestützpunkt und als Hafen der 8 km entfernten Hauptstadt Spanish Town in den 70er-Jahren des 18. Jh. gegründet worden war, ging es mit dem Ort schnell bergauf. Mitte des 19. Jh. galt es zudem als schick, in den mondänen Hotels an der Promenade zu wohnen und von der heilenden *Mineralquelle* zu kosten, die leider längst versiegt ist. Heute ist Port Henderson mit **Portmore** (155 000 Einw.), der Trabantenstadt von Kingston mit ihren Reihenhaussiedlungen, zusammengewachsen. Sie sind je nach Verkehrslage mehr oder weniger zügig über den neuen *Highway 2000* (mautpflichitg) oder über den *Causeway* (Fahrtrichtung Kingston–Port Henderson gesperrt tgl. 6.30–9 Uhr, Port Henderson–Kingston gesperrt 16.30–19 Uhr) zu erreichen. **Fort Augusta**, am Ende dieser Brückenstraße durch die Kingston Bay, wurde von den Briten um 1740 zur Verteidigung der Bucht und des Kingston Harbour errichtet. Nach verschiedenen Umbauten – ein Blitzeinschlag im Pulverturm zerstörte einst große Teile der Anlage – dient es gegenwärtig als Frauengefängnis und ist folglich nicht zu besichtigen. Im heute wenig attraktiv erscheinenden **Fischerhafen** von Port Henderson stehen noch einige der georgianischen Gebäude des 18./19. Jh. In einem der schönsten alten Bauten lädt *Rodney's Arms* mit Restaurant und Bar zum Verweilen und Genießen ein.

Südlich von Port Henderson wacht **Fort Clarence** über die Bucht. In der alten, für Besucher gesperrten Festung befindet sich heute das Militärhauptquartier der *Jamaica Defense Force*. Über einen Fußpfad gelangt man hinauf zum Aussichtspunkt *Rodney's Lookout* bei der Ruine des Wohnhauses von Admiral George Rodney. Von hier oben soll der britische Marinekommandeur damals nach feindlichen französischen Schiffen Ausschau gehalten haben.

i Praktische Hinweise

Restaurant

Rodney's Arms, in der früheren Water Police Station, Port Henderson Rd., Port Henderson. Tel. 876-988-10 63. Das beliebte Lokal mit Bar lockt mit guter jamaikanischer Küche, vor allem Fisch.

35 Hellshire Hills und Hellshire Beaches

Kleine Drachen und weiße Strände südwestlich von Kingston.

In der heißen Einsamkeit der **Hellshire Hills** südwestlich von Port Henderson haben Tiere ein Rückzugsgebiet gefunden, die in anderen Regionen der Insel längst ausgestorben sind. Einige in den sonnendurchglühten Kalksteinhügeln gesichtete Leguane, **Jamaican Iguana** (*Cyclura collei*) genannt, haben die Befürchtung widerlegt, das drachenähnliche urweltlich anmutende Lebewesen sei ausgestorben. Auch der Coney oder *Jamaican Hutia* genannte kaninchengroße Nager sowie die kleine Schlange *Yellow Snake* leben hier unbehelligt von der Zivilisation. Das menschenleere, etwa 260 km^2 große Terrain liegt im Windschatten der Blue Mountains, Niederschläge erreichen hier weniger als 500 mm im Jahr. In den salzigen Feuchtgebieten des **Great Salt Pond** südlich von Fort Clarence sowie im Südwesten der Halbinsel fühlen sich viele Zugvögel zu Hause. Der See galt schon zu Zeiten der Arawak als ein besonders ergiebiger Angelplatz für Red Snapper, Meeräsche oder Languste.

Der **Fort Clarence Beach Park** (Fr–Di 10–18 Uhr) und die **Hellshire Beaches** beginnen unmittelbar südlich dieses salzigen Riesenteichs. Besonders am Wochenende läuft vor der Kulisse der weißsandigen, flachen Strände die jamaikanische *Freizeitkultur* auf vollen Touren. Auftritte von Reggae Bands, Modenschauen, ja sogar Wettbewerbe rund um Schönheit und Muskelkraft finden ein fachkundiges und begeisterungsfähiges Publikum. Allenthalben locken Fischbratereien und Stände mit allerlei Snacks und Getränken.

Vom Kreisverkehr bei den Hellshire Beaches führt eine Straße direkt zu einem Schild, das den Zugang zu den **Two Sisters Cave** (tgl. 9–17 Uhr) anzeigt. Über eine Holztreppe steigt man in die Höhle hinab und blickt durch einen Holzrahmen auf ein in den Felsen geritztes menschliches Antlitz, das wohl um 1200 von Arawak-Indianern geschaffen wurde. Man vermutet, dass die Ureinwohner die Höhle zu Kultzwecken nutzten. Sie ist Teil eines riesigen, bislang kaum erforschten Höhlensystems.

36 Spanish Town Plan Seite 92

Der Zahn der Zeit hat seine Spuren an den Repräsentationsbauten der alten Hauptstadt hinterlassen.

Bei der Besichtigung von Spanish Town ist Fantasie gefordert, denn viel ist aus

Eine Brücke zum Staunen – Spanish Town wurde als Hauptstadt der britischen Kolonie 1801 mit der damals hochmodernen Iron Bridge ausgestattet

den glanzvollen Zeiten, als es politisches Zentrum Jamaikas war, nicht erhalten. Die heutige, auf den ersten Blick wenig attraktive Bezirkshauptstadt (130 000 Einw.) des *St. Catherine Parish* liegt 25 km westlich von Kingston und ist mit der sich unablässig ausbreitenden Metropole schon beinah zusammengewachsen. Obgleich die alte Pracht längst dahin ist, verbreitet die im Schachbrettmuster angelegte *Altstadt* mit ihren eindrucksvollen georgianischen Bauwerken heute noch nostalgisches Flair. An den historischen Fassaden gibt es manch stilvolle Dekoration zu entdecken und zuweilen öffnen sich Torbogen überraschend hin zu lauschigen Hinterhöfen.

Dornröschens Kulturerbe

An die spanische Kolonialepoche erinnert nur noch der Name des Ortes. Im Jahre 1534 hatten die Spanier die Hauptstadt ihrer Kolonie von *Sevilla la Nueva* an der Nordküste beim heutigen Ort St. Ann's Bay [Nr. 12] hierher an die Südküste verlegt, unweit des riesigen Naturhafens Kingston Bay. Ausgewählt hatte den Siedlungsstandort bereits Diego Kolumbus – von seinem Vater Christoph mit dem Titel eines Grafen von Jamaika beerbt. Der neue Sitz des Gouverneurs und der Verwaltung Jamaikas hieß zunächst schlicht *Villa de la Vega* (›Stadt in der Ebene‹), wurde später dann nach dem Schutzpatron Spaniens, dem Apostel Jakobus, *Santiago de la Vega* benannt, doch seine Entwicklung verlief fortan eher schleppend. Jamaika gehörte in Ermangelung von Gold- oder Silbervorkommen nie zu den wichtigen Besitzungen, sondern diente nur als Proviantstation im riesigen Kolonialreich Spanien. Mitte des 17. Jh. lebten in ganz Jamaika nur 4000 Einwohner, weniger als 500 Menschen wohnten in der **Hauptstadt**, aber dafür besaß sie fünf Kirchen und ein Franziskanerkloster.

Nachdem englische Piraten die kaum befestigte Kapitale mehrfach überfallen und geplündert hatten, wurde sie 1655 von einer britischen Kriegsflotte erobert. Unter dem Vorwand, die Bedingungen für die Kapitulation zu überdenken, ließ der spanische Gouverneur allen beweglichen Besitz zusammenpacken, um mit den Getreuen in Richtung Kuba zu fliehen. Die derart um die Kriegsbeute gebrachten **Engländer** setzten den Ort in Flammen, um wenig später an derselben Stelle ihre eigene Kolonialhauptstadt zu errichten, die sie geschichtsbewusst Spanish Town nannten. In den folgenden Jahrzehnten entstanden repräsentative Verwaltungsbauten, das wirtschaftliche

Im Dienste Gottes – die anglikanische Cathedral of St. Jago de la Vega von Spanish Town wurde Anfang des 18. Jh. von den Briten errichtet

Leben aber verlagerte sich bald in die Hafenstadt Kingston, an die Spanish Town den Hauptstadttitel schließlich 1872 verlor. Erst angesichts der Zerstörungen durch *Hurricane Gilbert* 1988 erwachte Spanish Town aus dem Dornröschenschlaf, in den es zwischenzeitlich gefallen war, und man begann, Pläne zur Rettung der Denkmälersubstanz zu schmieden. Während mit der Eröffnung von Banken und der Etablierung von Kleinindustrie vor Jahren Hoffnung auf urbane Wiederbelebung aufkeimte, lässt die Restaurierung der Bauten noch immer auf sich warten. Die UNESCO diskutiert seit einiger Zeit, ob die Altstadt zum Weltkul-

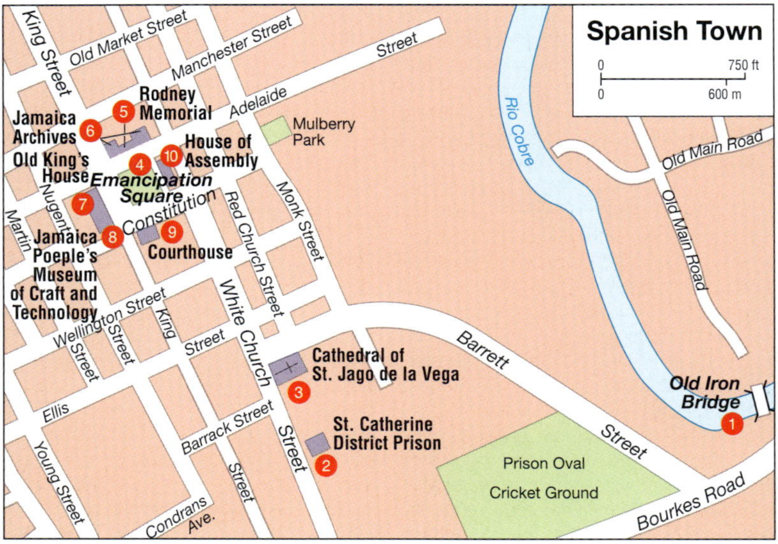

turerbe erklärt werden soll. Dann würden auch Mittel für deren Sanierung zur Verfügung gestellt werden.

Von Kolonialnostalgie, Kathedrale und Emanzipation

Von Kingston aus erreicht man Spanish Town über die A2. Kurz vor der Stadt, in White Marl, liegt rechter Hand das **Taino Museum** (Info-Tel. 876-922-06 20, Mo–Do 9–16.30, Fr 9–15.30 Uhr). An der Stelle, wo sich einst die größte Arawak-Siedlung der Insel befand, zeigt die Sammlung wertvolle Funde aus der vorkolonialen Epoche, darunter Keramik, Holzskulpturen und Schmuck.

Dort, wo die A2 schließlich den Rio Cobre kreuzt, fällt ebenfalls rechts die alte gusseiserne **Old Iron Bridge** 1 ins Auge. Die heute nicht mehr zugängliche Brücke wurde 1801 in England konstruiert und per Schiff nach Jamaika verfrachtet. Als erste ihrer Art in der Neuen Welt stellte sie bei ihrer Errichtung eine bautechnische Sensation dar.

Von der A2, die hier Bourkes Road heißt, biegt man rechts in die White Church Street ab und gelangt vorbei am großen **St. Catherine District Prison** 2 aus dem 18. Jh., einem Hochsicherheitsgefängnis, um das sich Gruselgeschichten ranken, zur **Cathedral of St. Jago de la Vega** 3 (tgl. 9–17 Uhr), auch St. James Cathedral genannt. Sie wurde 1714 errichtet und ist Sitz des anglikanischen Bischofs von Jamaika. Ihr von einem Hurrikan zerstörter Vorgängerbau stand auf den Ruinen eines katholischen Doms des Franziskanerordens von 1525, der wiederum der britischen Zerstörungswut nach der Eroberung 1655 zum Opfer gefallen war. Die heutige Kathedrale gilt als eines der gelungensten Gotteshäuser der Insel. Bemerkenswert sind im *Innenraum* die Grabmäler von Bischöfen und Gouverneuren, die Orgel aus dem 19. Jh. mit ihrer holzgeschnitzten Empore und das mit Glasmalereien geschmückte Chorfenster. Einige der ältesten Grabsteine Jamaikas zieren den beschaulichen *Friedhof*, auf dem weitere Honoratioren der Kolonialzeit bestattet sind.

Die White Church Street mündet weiter nördlich in den **Emancipation Square** 4 (vormals Parade Square). Der während der britischen Kolonialepoche wichtigste Platz der Stadt wird wegen der Grünanlage in seiner Mitte *The Park* genannt. Beinah verlassen liegt er da, auf den von Königspalmen

TOP TIPP

Mit ihrem imposanten Fassadenturm setzt die Kathedrale einen überragenden Akzent im Stadtbild von Spanish Town

beschatteten Wegen rund um seinen Brunnen sieht man nur vereinzelt Spaziergänger. Das rahmende Straßengeviert aber präsentiert überaus sehenswerte Glanzstücke britischer Kolonialarchitektur. Die Nordflanke des Platzes wird vom 1790 errichteten **Rodney Memorial** 5 dominiert. In dem rundtempelartigen Kuppelbau, der durch säulengeschmückte Arkadengänge mit den flankierenden Bauten des bedeutenden Nationalarchivs **Jamaica Archives** 6 (Tel. 876-984-25 81) verbunden ist, grüßt die Marmorstatue des als römischer Imperator gewandeten britischen *Admirals Lord George Rodney* von einem Sockel. Das vom englischen Bildhauer *John Bacon* Ende des 18. Jh. geschaffene Denkmal zeigt den Mann, der nicht nur auf Jamaika als Bewahrer britischer Herrschaft in der Karibik gilt. Ihm war es 1782 mit einer Flotte von 100 Schiffen gelungen, die französische Marine bei den Îles des Saintes südlich von Guadeloupe zu schlagen. Mit dem Sieg in dieser ›Battle of The Saints‹ –

kurz zuvor hatten die nordamerikanischen Kolonien mit französischer Hilfe ihre Unabhängigkeit erstritten – konnte Rodney der weiteren Erosion des britischen Kolonialbesitzes in der Neuen Welt Einhalt gebieten. Um das dynamische Standbild des glorreichen Befehlshabers sind erbeutete Kanonen des französischen Flaggschiffes drapiert.

Das 1762 aus rotem Backstein erbaute **Old King's House** 7 im Westen des Platzes diente den britischen Generalgouverneuren über 100 Jahre lang als offizielle Residenz. Von den Stufen des eindrucksvollen, von mächtigen Säulen gestützten Portikus wurde 1838 die Proklamation der jungen Queen Victoria zur *Abschaffung der Sklaverei* im britischen Empire verlesen. Ein Feuer im Jahre 1925 ließ nur die *Fassade* des imposanten Gebäudes unversehrt, sie wird seitdem rückwärtig von mächtigen Balken gestützt. Das kleine **Jamaica People's Museum of Craft and Technology** 8 (Mo–Fr 9–16 Uhr), auch Folk Museum genannt, ist in den früheren Stallungen der Residenz untergebracht. Die Sammlung zeigt neben Kutschen Werkzeuge und Gerätschaften aus Landwirtschaft und Handwerk. Sie dokumentiert außerdem jamaikanische Kunsttraditionen und Architekturstile.

Oben: *Britisches Bauensemble unter Palmen – House of Assembly (rechts), Jamaica Archives und der Rundbau des Rodney Memorial (links)*
Rechts unten: *Kutschenhaus – das Jamaica People's Museum of Craft and Technology dokumentiert die Verkehrsgeschichte*

Im Süden des Platzes erhebt sich eine weitere Ruine. Das 1819 errichtete **Courthouse** 9 mit seinem kuppelgekrönten Uhrturm wurde 1986 durch einen Brand verwüstet und harrt seitdem der Restaurierung. In spanischer Zeit stand hier eine weitere Klosterkirche des Franziskanerordens. Das Gebäude der Abgeordnetenversammlung schließlich, das **House of Assembly** 10 (heute Parish Council Building), errichteten die Briten im Jahre 1760 an der östlichen Seite des Platzes. Hier hatten die einflussreichsten Plantagenbesitzer und Zuckerhändler von Jamaika Sitz und Stimme. Heute dient der mit einem Mittelrisalit in Form eines griechischen Tempels geschmückte Backsteinbau als Bürotrakt für die Bezirksverwaltung des St. Catherine Parish.

37 Mountain River Cave

Versteckte Felsmalereien künstlerisch begabter Arawak-Indianer.

In den Hügeln 14 km nordwestlich von Spanish Town eröffnet sich den an der indianischen Vergangenheit von Jamaika Interessierten ein besonderer Schatz. Auf dem Weg dorthin erreicht man zunächst das hübsche Dorf **Guanaboa Vale**, in dem *Norman Manley*, einer der Gründerväter des freien Jamaika, 1893 geboren wurde. Nach einigen weiteren Kilometern weist ein kleines Schild nach rechts zur Mountain River Cave. In Begleitung eines Führers (aus dem Haus an der Straße) kann man sich nun auf den Weg machen. Ein etwa 1 km langer, unbefestigter Pfad führt zur Arawak-Höhle, die durch ein Eisengitter absperrt ist. Innen sind auf glatten Kalksteinpartien deutlich mit schwarzer Farbe gemalte Darstellungen von Schildkröten, Vögeln, Fröschen und deren menschlichen Jägern sowie abstrakte Motive zu erkennen. *Petroglyphen*, Felsritzzeichnungen der Arawak, kann man vereinzelt auf Inseln der Karibik finden, **Felsmalereien** haben jedoch Seltenheitswert. Die zwischen 650 und 1500 entstandenen Höhlenbilder wurden von der Archaeological Society of Jamaica und den Smithsonian Institutes in Washington DC ausführlich dokumentiert. Die bedauerlicherweise vernachlässigte kleine Höhle steht formal unter dem Schutz des *Jamaica National Heritage Trust* (Tel. 876-922-12 87, www.jnht.com).

PAULETTE

Mandeville und der Südwesten – Bauernland und britisches Ambiente, Bamboo Avenue und Badefreuden

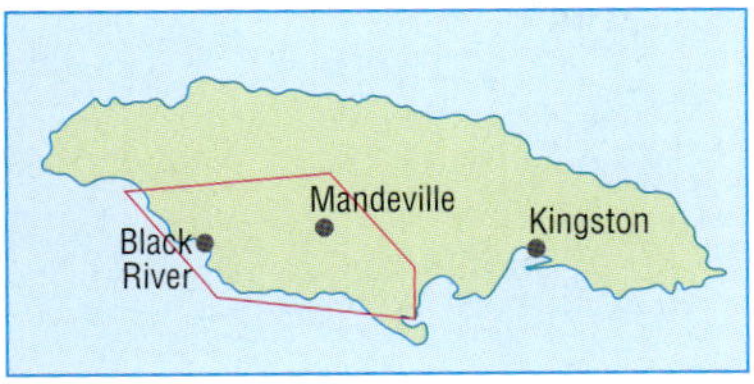

Natürlichen Charme zeichnen die Südwestküste und die Central Highlands Jamaikas aus. Sie sind eine Mischung aus kakteengeschmückter Savanne, Sumpfgebieten, europäisch anmutendem Hochland und Bergzügen wie den *Santa Cruz Mountains*, die bei *Lover's Leap* als Klippen ins Meer stürzen. In die kühlen Höhen von **Christiana**, dem kieferbeschatteten Marktstädtchen, und **Mandeville**, der Hauptstadt des *Manchester Parish* und Bauxitzentrum mit traditionellem britischen Flair, flüchtete einst die Hautevolee der Insel zur wohl temperierten Tropenfrische. An der Küste, zwischen **Old Harbour** und **Bluefields**, räkeln sich *Fischerdörfer* in von Felsen gerahmten Sandbuchten und entfalten – wie z. B. das freundliche **Treasure Beach** mit seiner Dünenlandschaft – im verträglichen Umfang ihr touristisches Potenzial, das eher dem Ökotourismus zugeneigt ist als dem gestylten Ambiente großer Ferienzentren. Zu den Naturschönheiten der Region zählen der **Black River** und sein Feuchtgebiet *Great Morass*, die man im Rahmen einer beschaulich-schönen Bootsfahrt vom Ort Black River aus entdecken kann, samt ihrer Mangroven, Krokodile und schillernden Vogelwelt. Die **Bamboo Avenue**, der schönste Straßentunnel der Welt, bestehend aus einem lichtvoll-grünen Gewölbe aus Bambuspflanzen, lockt ins Landesinnere. Auf den Ebenen wird *Landwirtschaft* betrieben, Zuckerrohr, Obst und Gemüse angebaut, rotbraune Kühe grasen auf grünen Weiden. Und die Sehnsucht nach Schönheit führt noch ein Stück weiter zu den **YS Falls**, einem mehrstufigen Wasserfall in romantischer Landschaftskulisse. Dem Hochgefühl weiter folgend gelangt man schließlich nach **Appleton**, dem der Ruf vorauseilt, eine der besten Rumdestillen Jamaikas zu beherbergen. Das Feuerwasser wird natürlich an Ort und Stelle getestet und garantiert für gut befunden.

38 Old Harbour

Ein viktorianischer Uhrturm, ein Fischmarkt und Burgruinen.

Als Glanzstück der Marktstadt Old Harbour gilt der elegante kronengeschmückte **Victorian Clock Tower** (17. Jh.) am Old Harbour Square. Anders als die meisten jamaikanischen Uhrtürme zeigt er die richtige Zeit an – und das seit seiner Errichtung. Und wer noch ein bisschen mehr Zeit hat, kauft sich vielleicht frische Backwaren in der hochgelobten *Honeycrust Bakery* (16 East St., Tel. 876-983-23 37).

Etwa 5 km weiter südlich, im Hafenort **Old Harbour Bay**, präsentieren Fischer die bunt schillernden Früchte des nächtlichen Fangs auf dem Fischmarkt. Christoph Kolumbus, der die Bucht schon 1494 erkundete, taufte sie *Puerto de la Vaca*, Hafen der Kuh. Er ließ sich wahrscheinlich von den *Manatees* (Seekühen) inspirieren, die damals im seichten Wasser der Bay lebten. Die Spanier errichteten hier später mit *Puerto de Esquivella* einen Hafen für ihre nahe Hauptstadt. Heute trägt der 2 km von Old Harbour Bay entfernte Bauxithafen der *West Indian Aluminum Company* (Windalco, früher Alcan) als Port Esquivel den Namen des ersten spanischen Gouverneurs Juan de Esquivella.

◁ **Oben:** *Crocodile Rock – Bootstouren erschließen die mangrovengesäumte Flusslandschaft des Black River, Heimat der scharfzahnigen Reptilien*
Unten: *Märchenhafter Fischzug – an der Südküste Jamaikas, wie hier in Alligator Pond, leben die Menschen vom Reichtum des Meeres*

Queen Victoria lässt grüßen – Wahrzeichen von Old Harbour ist der gezierte Zeitmesser im Zentrum

Das Geheimnis der Baugeschichte von **Colbeck Castle**, 2 km nordwestlich von Old Harbour, ist noch immer nicht vollständig gelüftet. Möglicherweise ließ Colonel John Colbeck, Offizier der britischen Invasionsarmee von 1655, das imposante Gebäude errichten. Heute ist es eine eindrucksvolle Ruine. Die einstige Wasserburg war mit hohen Mauern und Ecktürmen befestigt und zeigt Architekturdetails, die darauf schließen lassen, dass hier meisterhafte Steinmetze am Werke waren.

39 May Pen

Landwirtschaftliches Zentrum und Hauptstadt des Clarendon Parish.

Der *Rio Minho* entspringt im zentralen Hochland von Jamaika und fließt auf seinem Weg zur Mündung in der Carlysle Bay mitten durch May Pen, fünftgrößter Orte der Insel und Hauptstadt des Clarendon Parish. Er ist Angelpunkt einer von Landwirtschaft geprägten Region mit ausgedehnten Feldern, auf denen Zitrusfrüchte, Kakao, Yam und Zuckerrohr angebaut werden.

Im Zentrum der Stadt wird jeden Freitag und Samstag einer der größten **Märkte** Jamaikas abgehalten. Während der großen *Denbigh Agricultural Show*, die im Juli auf dem westlich gelegenen Denbigh Showground stattfindet, präsentieren die Farmer der Insel ihre besten Produkte. Das Rahmenprogramm bietet Events wie Livemusik und Tanzpartys.

Das kommt uns schottisch vor – nordeuropäische Festungsbaukunst dürfte für Colbeck Castle Modell gestanden haben

Dieses Wasser macht so manche Untat ungeschehen – Heilungslegenden und Erfolgsstories ranken sich auch um die Mineralquellen von Milk River Bath

40 Milk River Bath

Heilquellen und Manatees am Milchfluss.

Milk River heißt der keineswegs milchige Fluss, der in vielen Windungen etwa 20 km nach Süden fließt und bei *Farquhars Beach* das Karibische Meer erreicht. Die holprige Straße, die bei *Toll Gate* von der A2 nach Süden abzweigt, führt durch eine staubige Buschlandschaft mit Kakteen. Nur am Wochenende belebt sich die Szenerie, dann kommen Ausflügler zum Picknick an den Fluss oder zu den Hütten der Rasta-Fischer am Meer, wo es Lobster, Shrimps und frischen gebackenen Fisch zu kaufen gibt.

Viele Besucher bleiben aber auch in Milk River Bath selbst, genießen einen jamaikanischen Lunch oder ein Bad im radioaktiven **Mineralwasser**. Die heilenden Quellen sollen bei Beschwerden wie Rheumatismus, Rückenschmerzen, Hautausschlag, Leberleiden u.v.m. helfen. Drei Badegänge am Tag, keiner länger als 20 Min., ermöglichen eine ›grundlegende Wiederherstellung der Gesundheit‹, wie das volkstümliche Bad vollmundig verspricht. Entdeckt wurde das ›Wunderwasser‹ durch einen Zufall. Ein von seinem Herrn ausgepeitschter Sklave hatte in der Quelle gebadet und war unglaublich schnell genesen. Der Gutsbesitzer *Jonathan Ludford* eröffnete noch 1794 an dieser Stelle ein Heilbad, das er später dem Staat vermachte.

Wer auf der Fahrt nach Süden kurz vor Milk River Bath die Abzweigung nach Westen wählt, gelangt zum Schutzgebiet des *Canoe Valley Wetland* und zur Mündung des kleinen **Alligator Hole River**, den man per Kanu in Begleitung eines Führers erkunden kann. Hier leben noch drei *Manatees* (Manatis). An den Küsten und in den Flussmündungen von Jamaika soll es noch 100 der bis zu 5 m langen, torpedoförmigen, Seegras fressenden Seekühe geben.

Anmutige Säulenkakteen sonnen sich in der Südküsten-Savanne bei Milk River Bath

Praktische Hinweise

Hotel

****Milk River Hotel**, Clarendon, Tel./Fax 876-902-49 74. Schlichte ordentliche Herberge für die Gäste der Heilquelle und kleines Restaurant mit jamaikanischen Gerichten.

41 Christiana

Deutsche Missionare und irische Kartoffeln im Zentrum der Insel.

Als Urlaub am Meer auf Jamaika noch ein Fremdwort war, war Christiana, in 1000 m Höhe gelegen, dank seines kühlen Klimas eine beliebte ›Sommerfrische‹. Der kleine Ort im Norden des *Manchester Parish* ist von May Pen aus über die A2 (ab Mandeville B4/B5) zu erreichen. Die Landschaft ist europäisch geprägt, die Namen nahe gelegener Dörfer wie Moravia, Walderston oder Bethany erinnern daran, dass hier zu Beginn des 19. Jh. Missionare protestantischer Glaubensgemeinschaften tätig waren. Die Felder der Umgebung werden von Hecken und niedrigen Steinwällen begrenzt, ein auf Jamaika ungewohnter Anblick. Tatsächlich war der *europäische Einfluss* einst beträchtlich. Die Briten hatten Ende des 18. Jh. hier zunächst Deutsche angesiedelt, später kamen irische Siedler, sie brachten Kartoffeln mit und kultivierten sie erfolgreich. Heute erwacht das beschauliche Christiana am **Markttag** (Do) zu hektischer Aktivität, dann bringen die Bauersfrauen Yam, Bananen, Kartoffeln oder Zitrusfrüchte zum Verkauf.

Wanderer kommen von weit her, um die von Baumfarnen und hoch aufragendem Bambus bewachsene, 200 m tiefe Schlucht **Christiana Bottom** nordöstlich der Stadt zu erkunden Ein kleiner Wasserfall lockt mit kristallklarem Nass, die Picknickplätze am Ufer laden zu beschaulicher Rast ein.

Praktische Hinweise

Hotel

*****Villa Bella**, Christiana, Tel. 876-964-22 43, Fax 876-964-27 65, www.jamaica-southcoast.com/villabella. Hotelpension in schöner Hügellage mit 16 netten, altmodisch möblierten Zimmern. Das Veranda-Restaurant bietet köstliche jamaikanische Speisen. Nachmittags wird die Teestunde zelebriert.

42 Mandeville

British geprägte Kleinstadt auf tropischem Hochplateau.

Es mag gewagt erscheinen, Mandeville mit Städtchen in der englischen Grafschaft Devonshire zu vergleichen, wenngleich auch hier die hügelige grüne

Schlammkur, nein danke – die Rückstände von Bauxiterde im Mud Lake bei Mandeville sind für Schönheitskuren nicht geeignet

Stadtkulisse mit hübschen Häusern und Villen dekoriert ist. Unverwechselbar karibisch aber sind Atmosphäre und Klima, Architektur und farbenprächtiges Pflanzendekor. Für die britischen Kolonialoffiziere war Mandeville einst ein englisches Idyll fern der Heimat. Die Lage auf dem knapp 700 m hohen Plateau milderte die Tropenhitze, die Landschaft lud zu Ausritten ein, und der *Manchester Golf Club*, der älteste Golfplatz Jamaicas, lockte mit englischem Rasen. Der Verwaltungsbezirk von *Manchester* wurde 1814 gegründet und nach dem Gouverneur, dem Herzog von Manchester, benannt. Dessen ältester Sohn, *Viscount Mandeville*, stand zwei Jahre später Pate für den Namen der neuen *Bezirkshauptstadt*. In den 1950er-Jahren wurde nördlich von Mandeville **Bauxit** gefunden und bald siedelten sich Aluminiumfirmen in dem wohl europäischsten Ort Jamaikas an. Als eine Art Wahrzeichen der Bauxit-Lagerstätten erstreckt sich im Norden der mit rotbraunem Abraumschlamm gefüllte **Mud Lake** der Kirkvine Works. Die *West Indian Aluminum Company* (Windalco, vormals Alcan) veranstaltet auf Voranmeldung Minen-Führungen.

Die Mandeville-Mischung – Marktort und Verwaltungszentrum, Schlafstadt für die Bauxit Companys und Wohnort wohlhabender, aus Übersee heimgekehrter Jamaikaner – hat sich als ideal für eine stabile wirtschaftliche Entwicklung erwiesen. Im Zentrum findet ein kunterbunter lebhafter **Markt** (Mi, Fr/Sa) statt, ein Tummelplatz der Landbevölkerung. Hinzu kommen zwölf modernen Shopping Malls. Eine respektable Zahl von Grund- und weiterführenden Schulen sowie mehrere Colleges repräsentieren das breit gefächerte Bildungsangebot. Mandeville ist auch stolz auf seinen Blumenzüchterverein, die **Horticultural Society** (25 New Green Rd., Tel. 876-962-29 09). Unter der Schirmherrschaft von Carmen Stephenson findet jeden Mai die *Annual Flower Show* statt, bei der eindrucksvolle Privatgärten wie der ihre für Blumenfreunde geöffnet werden.

Um den **Cecil Charlton Park** im Zentrum sind die ältesten Gebäude Mandevilles versammelt. Das aus Kalksteinblöcken errichtete **Courthouse** (1820) ist mit dorischen Säulen und einer doppelt geschwungenen Freitreppe geschmückt, die gleichaltrige **St. Mark's Church** erweist sich als ein trutziger neogotischer Bau. Das dazugehörige Pfarrhaus, die

Außen streng, innen freundlich – die Pfarrkirche St. Mark's (19. Jh.) in Mandeville

Rectory, fungiert heute als Wohnhaus. Als Gefängnis und Arbeitshaus diente die heutige **Police Station** an der Main Street, die ebenfalls aus der Gründerzeit der Stadt stammt.

Am Nordwestrand von Mandeville (über Winston Jones Hwy., Oriole Close Rd. und Mike Town Rd. erreichbar) erhebt sich **Marshall's Pen Great House** (auf Voranmeldung, Tel. 876-904-54 54) aus dem Jahre 1795, das einst über eine Kaffeeplantage regierte. Schon seit vielen Generationen wird es von der Familie

Vorsicht feuergefährlich – Chilis sorgen für den höllischen Effekt der Pickapeppa Sauce, die bei Mandeville produziert wird

Seeräuber auf Schatzsuche sind selten zu Gast im Treasure Beach Hotel, doch die Kulisse der Strände und Buchten ist nicht mal mit Gold aufzuwiegen ▷

Sutton bewohnt. Besucher können die Kunstsammlung bewundern oder im *Park* mit Fernglas und Kamera bewaffnet die vielfältige Vogelwelt beobachten. Robert und Ann Sutton zählen zu den bekanntesten Ornithologen der Insel.

Zwar haben alle *Jerk*-Köche auf Jamaika ihrer eigene feurige Sauce, doch auch das seit 1921 in Flaschen abgefüllte Gemisch der **Pickapeppa Company** (Besichtigung auf Voranmeldung, Tel. 876-603-34 41), deren Fabrik am Nordrand von Mandeville kurz vor *Shooters Hill* liegt, hat es in sich. Während der Produktionsphase von März bis November kann man hier studieren, wie aus Tomaten, Zwiebeln, Mangos, Chilis, Zucker, Tamarinden, Rosinen und verschiedenen Gewürzen die feurige Mischung entsteht. Etwa 98 % der Pickapeppa Sauce wird exportiert.

Und wem das noch nicht exotisch genug ist, der kann 4 km südöstlich von Mandeville **Huntington Summit** (25 Racecourse, May Day, nach Vereinbarung, Tel. 876-962-22 74), das Anwesen von Cecil Charlton, besichtigen. Der achteckige, in einem eklektizistischen Stilmix konstruierte Bau mit Garten gehört dem skandalumwitterten Unternehmer und langjährigen Bürgermeister der Stadt.

i Praktische Hinweise

Touren

TOP TIPP **Countrystyle**, im Astra Country Inn, 62 Ward Ave., Mandeville, Tel. 876-962-78 95, Fax 876-920-44 31, admin@uniquejamaica.com. Die Agentur organisiert interessante Ausflüge ins Alltagsleben Jamaikas, zu Handwerksbetrieben, Farmen oder Musikstudios sowie zu landschaftlichen Schönheiten.

Nachtleben

Fayors Entertainment Centre, Ward Ave., Mandeville. Das Unterhaltungszentrum bietet Party Nights und Livemusik.

Hotels

****Astra Country Inn & Restaurant**, 62 Ward Ave., Mandeville, Tel. 876-962-77 58, Fax 876-962-07 00, countrystyle@mail.infochan.com. Einfache, saubere Zimmer und authentische jamaikanische Küche.

****Mandeville Hotel**, 4 Hotel St., Mandeville, Tel. 876-962-97 64, Fax 876-962-07 00, www.mandevillehoteljamaica.com. Zentral gelegenes familiäres Hotel mit 60 Zimmern, Garten und Pool. Das jamaikanische Frühstück im Coffee Shop mit *Ackee & Saltfish*, *Callaloo* und *Bammy* ist ein Erlebnis. In der *Manchester Arms Bar* kann man abends Drinks und Snacks genießen.

Restaurant

Bloomfield Great House, 8 Perth Rd., Mandeville, Tel. 876-962-71 30. Exzellente jamaikanische und internationale Küche sowie gute Weine bietet das historische Plantagenhaus mit Bar. Von der Terrasse genießt man einen herrlichen Blick auf Mandeville. Gelegentlich werden Kunstausstellungen gezeigt oder Livemusik veranstaltet (So/Fei geschl.).

43 Treasure Beach

TOP TIPP *Eine traumhaft entspannende Atmosphäre bieten die malerischen Dünenstrände der Südküste.*

Von Mandeville gelangt man in 1 Std. über die A2 nach Westen und ab *Santa Cruz* auf einer Nebenstrecke nach Süden an die Küste. Die Buchten und Strände

der Great Pedro Bay, der Calabash und der Frenchman's Bay, der Billy's und der Mahoe Bay, die zu Treasure Beach gehören, sind bislang ohne die Segnungen des Massentourismus ausgekommen. Hier geht es gemütlich zu und das Alltagsleben des Fischerdorfes ist tonangebend. Gegen Zahlung einen Obulus sind Fischer gern bereit, einen Gast, der ihnen auch einmal zur Hand gehen darf, auf eine Bootsfahrt entlang der Küste mitzunehmen.

Community Tourism heißt die Devise in Treasure Beach, Fremdenverkehr, der das Leben der Bewohner nicht auf den Kopf stellt. Und entsprechend gut fügen sich bislang die kleinen Hotels, Villen und Apartments in das Dorf und die einem ländlichen Leben zugeneigten Touristen in die Dorfgemeinschaft ein. Kein Wunder, dass einige Aussteiger aus Europa und Nordamerika hier sesshaft geworden sind.

Die Landschaft rund um den Ort trägt zur Idylle bei: Die über 700 m hohen **Santa Cruz Mountains** schieben sich wie ein Riegel vor die sanft zum Meer abfallende Küstenebene der Pedro Plains und halten die Regenwolken ab. Am Wegesrand wachsen stachliges Gestrüpp, Kakteen und Akazien, auf den Weiden grasen rotbraune *Red-Poll*-Rinder, dazwischen tummeln sich kleine Schaf- oder Ziegenherden. Auf den Feldern werden die Setzlinge mit einer dünnen Schicht *Guinea-Gras* bedeckt, an dem sich die Feuchtigkeit aus der Luft fängt und so die Pflanzen wässert.

Felsvorsprünge rahmen die einzelnen **Buchten** von Treasure Beach mit ihren Sanddünen und Stränden, an die ein häufig bewegtes Meer brandet (beim

Glühbirnchen, Glühwürmchen – so romantisch gibt sich das Hotel Jake's am Abend

Jah Rastafari – der schwarze Messias

Jamaika war in den 1930er-Jahren Geburtsort einer religiösen Bewegung, die bald die soziale und politische Landschaft der Insel ebenso nachhaltig beeinflussen sollte wie die Kultur- und vor allem die Musikszene. Nicht jeder Fan, der heute mit **Dreadlocks** geschmückte Sängerinnen, Fußballer oder Filmstars bewundert oder selbst welche trägt, weiß, dass die Löwenmähne keine Modeerscheinung, sondern Manifestation eines biblischen Gebots und des jamaikanischen **Rastafari**-Glaubens ist. Die Prophezeiungen des **Alten Testaments** werden von den Rastafari als Beweis für die göttliche Abkunft der Schwarzen interpretiert. Ihre Auslegung der Bibel gibt außerdem Glaubenssätze und Leitlinien für ein reines, gerechtes, naturverbundenes und lebensbejahendes Dasein vor. Besinnung und Stolz auf die spirituellen afrikanischen Wurzeln spielen dabei eine zentrale Rolle. So soll ein Rasta sein Haar weder schneiden noch kämmen, und das hat zur Folge, dass die krausen ›Locken‹ zu Strähnen verfilzen und die Furcht (›dread‹) erregende Haarpracht, biblisches Symbol der Lebenskraft, ungezähmt wächst.

Als Propheten ihres Glaubens, als ›Black Moses‹, verehren die Rastafari den Nationalhelden **Marcus Mosiah Garvey**, der 1918 die Emanzipationsbewegung UNIA ins Leben rief [s. S. 44]. Er predigte schwarze Selbstbestimmung und die Rückkehr der Verschleppten ins Gelobte Land Afrika. Garveys Weissagung, dass ein schwarzer König und Erlöser in Afrika gekrönt werde, fand in den 1920er-Jahren in den von Hoffnungslosigkeit überschatteten Ghettos von **Kingston** ein gläubiges Echo. Und dann – im Jahre 1930 – geschah es, dass Ras Tafari Makonnen als **Kaiser Haile Selassie** in Äthiopien den Thron bestieg. In ihm erkannten die sich alsbald unter dem Namen Rastafari formierenden Jamaikaner ihren Messias, die Reinkarnation des schwarzen Gottes auf Erden, welchen sie **Jah** (Jahwe = Gott Israels) nannten.

Die Rastas verstanden sich als einer der verlorenen Stämme des biblischen Israel, aus **Zion** (Äthiopien) verschleppt ins sündige **Babylon**. Das von Weißen dominierte Gesellschaftssystem lehnten sie ab. Sie wurden aufgrund ihres friedlichen Widerstands lange Jahre geächtet und von den Obrigkeiten schikaniert. Da die Dreadlocks im eigenen Land nichts galten, mussten erst Reggae-Musiker und Rasta-Botschafter wie Bob Marley internationalen Ruhm erlangen, bevor die unbequemen Außenseiter im Laufe der 1980er-Jahre in Jamaika allmählich akzeptiert wurden.

Die meisten der schätzungsweise mehr als 100 000 Rastafari der Insel führen auch heute noch ein bescheidenes, naturverbundenes Leben. Sie essen ausschließlich **Ital Food**, d. h. vegetarische Kost, das Rauchen von **Marihuana**, auch Ganja, Herb oder Weed genannt, gilt

Schwimmen auf Unterströmungen achten). Schön ist eine *Wanderung* entlang der einsamen Küste zu den von Wasservögeln bevölkerten *Great Pedro Ponds* im Süden oder auf einem längeren Trail zum Great Salt Pond und dem Wallywash Pond im Nordwesten. Neben guten Wanderschuhen kann dabei ein Insektenschutzmittel nicht schaden.

i Praktische Hinweise

Information: www.treasurebeach.net

Nachtleben

Fisherman's Nightclub, Calabash Bay, Treasure Beach, Tel. 876-379-97 80. Eine wahrhaft urige Landdisco, angeschlossen sind Restaurant und Zimmervermietung. Am Wochenende gibt es gelegentlich Livemusik..

Hotels

*****Treasure Beach Hotel**, Calabash Bay, Treasure Beach,Tel. 876-965-01 10, Fax 876-965-25 44, www.treasurebeach jamaica.com. Attraktive Anlage mit Pool und Restaurant in Hügellage über einem schönem Strandabschnitt.

Top Tipp ****Jakes's**, Calabash Bay, Treasure Beach, Tel. 876-965-30 00, Fax 876-965-05 52, www.islandoutpost.com. Originelles farbenfrohes Naturdesign als Melange aus jamaikanischenund arabischen Stilelementen. Märchenhafte Cottages, Zimmer und Villen, dazu Mini-

Kultbild im Regenbogen – Haile Selassies Porträt und die Farben Rot, Grün, Gelb sind Symbole der Hoffnung und göttlichen Gegenwart (hier gerahmt von Marley-Plattencovers)

ihnen als heilige, den Geist reinigende Handlung. Ihre **Symbolfarben** Rot, Grün, Gelb und Schwarz sieht man überall in Jamaika, an Hütten und auf Hüten, an der Kleidung und an Kleinbussen. Als Manifestation ihres Glaubens benötigen Rastafari keine prächtigen Kirchen, und ihre Gottesdienste sind keine strengen liturgischen Zeremonien. Es sind vielmehr mehrtägige **Groundation** oder **Nyahbinghi** genannte Zusammenkünfte, auf denen viel über die Bibel gesprochen wird, und die Ratsas lange meditative Lieder zu Ehren von Jah singen, begleitet vom Klang afrikanischer Trommeln.

Die Heimkehr ins **Gelobte Land** aber, in der Frühzeit der Bewegung als wahrer Exodus geplant, ist seit dem denkwürdigen Besuch Kaiser Haile Selassies in Jamaika 1966 vom Vorhaben zum Symbol mutiert. Schließlich hatte der Herrscher – völlig überrascht und überwältigt von der Verehrung, die man ihm auf der Karibikinsel entgegenbrachte – den Rastafari dringend geraten, ihre Befreiung zuallererst in Jamaika voranzutreiben.

Strand, Bar und Pool. In den beiden Restaurants werden raffinierte jamaikanische Speisen serviert.

Marblue Villa Suites, Calabash Bay, Treasure Beach, Tel. 876-840-5772, Fax 876-965-34 08, www.marblue.com. Das attraktive moderne Guesthouse mit Villa am Meer verfügt über 10 individuell ausgestattete Zimmer mit Balkon bzw. Terrasse. Zur Anlage gehören auch ein ausgezeichnetes Restaurants, eine Bar, zwei Pools sowie Wellness- und Ausflugsangebote.

Sunset Resort Villas, Calabash Bay, Treasure Beach, Tel. 876-965-01 43, Fax 876-965-05 55, www.sunsetresort.com. Zwei Cottages mit Zimmern, Apartments und Restaurant stehen auf einer Poolterrasse über dem Meer und Strand. Die freundliche und familiäre Atmosphäre sorgt für Erholung.

*__Herons Reef__, Calabash Bay, Treasure Beach, Tel./Fax 876-965-02 16, treasuretours@cwjamaica.com. Restauriertes, liebevoll eingerichtetes altes Fischerhäuschen mit Blick auf die Frenchman's Bay, auf Strand und bunte Boote.

Restaurant

Jack Sprat Café, Jake's, Calabash Bay, Treasure Beach, Tel. 876-965-35 83. Das Lokal direkt am Meer bietet neben Sandwiches und Salaten frischen Fisch und Hummer. Am Abend gibt es auch leckere Pizza.

Lieblich ist der Blick von der Steilklippe Lover's Leap auf Küste und Meer

44 Lover's Leap

TOP TIPP *Legende von einem tragischen Liebestod und Panoramablick von der Felsklippe.*

Etwa 16 km östlich von Treasure Beach führt bei Southfield eine Abzweigung zur 3 km entfernten Küste. Hier stürzt der Ausläufer der *Santa Cruz Mountains* als gut 500 m hohe Klippe mit Namen Lover's Leap (tgl. 10–18 Uhr) dramatisch ins Meer. Von der *Aussichtsplattform* auf ihrer Spitze bietet sich ein fantastisches Küstenpanorama. In der Ferne blinkt auf dem türkisfarbenen Meer oft ein weißes Segel und winzige Boote streben den Fischgründen um die Pedro Cays im Süden zu. Das schlichte *Chardley Restaurant* neben dem modernen, rot-weiß gestreiften **Leuchtturm** serviert Snacks, die weiter nördlich gelegene *Toby Bar* bietet u. a. einen Lover's Punch.

Dem windumtosten Felsen soll der Legende nach eine unglückliche *Liebesgeschichte* zweier Sklaven zu seinem Namen verholfen haben. Der Besitzer einer Plantage hatte ein Auge auf das Mädchen geworfen, ihres ebenfalls in seinen Diensten stehenden Liebhabers wollte er sich durch dessen Verkauf entledigen. Bevor es dazu kommen konnte, stürzten sich die beiden von der Klippe in die Tiefe, um im Tode für immer vereint zu sein.

In dieser Gegend leben übrigens noch heute einige hellhäutige, grünäugige Jamaikaner, nicht etwa Nachkommen dieses grausamen Sklavenhalters, sondern vermutlich Kindeskinder von schottischen Schiffbrüchigen, die sich im 18. Jh. hier an Land retten konnte.

Wer frischen Fisch liebt, wird von hier einen Abstecher über Junction und Bull Savannah nach **Alligator Pond** machen, einem der wichtigsten Fischerdörfer der Region. Entweder man kauft den Fang des Tages am Strand oder man lässt sich im *Little Ochie* (Tel. 876-965-44 49, www.littleochie.com) verwöhnen. Das Strandrestaurant, in bunten reetgedeckten Kanus auf Stelzen untergebracht, bietet köstlichen *Fish Tea* (Fischsuppe), Red Snapper, Krabben und Hummer, dazu gibt es Bammy oder Festival.

45 Black River

Schwarzer Fluss, blaues Holz und der Glanz vergangener Tage.

Ein schwunghafter Handel mit dem Blauholzbaum (*Haematoxylon campechianum*), mit dessen Farbstoff Textilien dunkelblau gefärbt wurden, bescherten dem Ort an der Mündung des *Black River* (20 km nordwestlich von Treasure Beach) im 18./19. Jh. eine kurze Blütezeit. Flößer brachten die Baumstämme den insgesamt 71 km langen Fluss hinunter zum Hafen in der tiefen Bucht, von wo Frachtschiffe die kostbare Ladung nach Europa und Nordamerika transportierten. Im *Waterloo House* (44 High St., heute eine Pension) von 1875 wurde 1893 die erste elektrische Lampe auf Jamaika zum Leuchten gebracht, ab 1903 sah man auf den holprigen Straßen die ersten Autos, und auch bezüglich der Versorgung mit Telefonanschlüssen gehörte Black River zu den Pionierorten auf Jamaika. Für Zerstreuung und Entspannung sorgten eine Pferderennbahn und ein Heilbad (es soll wieder eröffnet werden). Der Boom der Stadt hatte jedoch mit dem Aufkommen künstlicher Farbstoffe ein Ende.

Heute präsentiert sich die *Bezirkshauptstadt* des St. Elizabeth Parish als stilles Städtchen. Am Ostrand passiert man zunächst die über die Flussmündung führende Eisenbrücke. Gleich hinter dem *Hendriks & Co. Building* (1813) zweigt von der High Street rechts eine Straße zum Anleger für Bootsausflüge und zum

Dem Sumpf seine Geheimnisse entlocken – im Mangrovendschungel des Black River tummeln sich exotische Vögel und hungrige Echsen ...

Markt ab. Die High Street und ihre Fortsetzung, die Main Street, werden von restaurierten Holzhäusern im Gingerbread Stil, dem portikusgeschmückten *Courthouse* und der *St. Elizabeth Parish Church* (1837) mit ihren klassischen und gotischen Stilzitaten gesäumt. Eindrucksvollstes Beispiel der Gingerbread-Architektur ist das heute als Hotel dienende *Invercauld Great House* (1894).

... und schon naht Erlösung vom Magenknurren – das possierliche Krokodil frisst seinem Gönner brav aus der Hand

Die größte Attraktion aber ist der Black River selbst. Ein Ausflug per *Sightseeing Boat* von der Anlegestelle nahe der Brücke führt durch die Wasser- und Mangrovenlandschaft des Flusses und seiner Seitenarme, die in das Feuchtgebiet des **Great Morass** eingebettet sind. Je weiter das Motorboot flussaufwärts vordringt, desto dichter wird der Mangrovendschungel. Ibisse und Reiher stolzieren auf der Suche nach Nahrung durch die mehr als 300 km^2 große Sumpflandschaft, in der auch zahlreiche andere Vogelarten beheimatet sind. Gelegentlich liegen majestätische **Krokodile** träge am Ufer des Flusses in der Sonne und beobachten aus Augenschlitzen heimlich ihre Umgebung. Dann wieder sieht man ein Paar Augen und Nasenlöcher aus dem Wasser zwischen den Mangrovenwurzeln hervorschauen, dort lässt sich ein anderer Alligator (wie die Jamaikaner die Krokodile nennen) in den Tag hinein treiben. Vielleicht bewachen diese Echsen, es sollen 300 am Black River leben, ja auch jene versteckten Felder, auf denen Gerüchten

Allein mit der Allee – Wind und Sonne zaubern immer neue Lichteffekte in das grüne Gewölbe der berühmten Bamboo Avenue

zufolge Marihuana angebaut wird? Die seit den 1970er-Jahren unter Schutz stehenden Krokodile bevölkerten einst in großer Zahl die Küsten der Insel und ein besonders hübsches Exemplar ziert zusammen mit einem Arawak-Paar das jamaikanische Wappen.

i Praktische Hinweise

Bootstouren

South Coast Safaris, 1 Crane Rd., Black River, am Flussufer, Tel. 876-965-25 13, www.jamaica-southcoast.com. Touren tgl. 9, 11, 12.30, 14, 15.30 Uhr

Hotels

***__Invercauld Great House & Hotel__, 66 High St., Black River, Tel. 876-965-27 50, Fax 876-965-27 51. Gediegene viktorianische Villa mit 52 individuell gestalteten Zimmern, mit Restaurant, Pool und Tennisplatz.

**__Ashton Great House__, Luana, 3 km nördlich von Black River, Tel./Fax 876-965-20 36. Modernes Haus mit Bergpanorama, Pool und hervorragendem Restaurant. Ausritte können organisiert werden.

**__Waterloo Guest House__, 44 High St., Black River, Tel. 876-965-22 78, Fax 876-634-27 72. Einfache, ordentliche Unterkunft in historischem Gebäude. Restaurant und Bar sind ein beliebter Treffpunkt von Black River.

46 Bamboo Avenue und YS Falls

Wunderbarer Wasserfälle, scharfe Krebse und ein Tunnel durch den Bambuswald.

Bei *Middle Quarters* 13 km nördlich von Black River verkaufen Straßenhändlerinnen entlang der A2 Plastikbeutel mit köstlichem Inhalt. *Peppered Shrimps* heißen die in feuriger Salz- und Pfeffersauce gekochten Flusskrebse. Folgt man der A2 weiter nach Nordosten, gelangt man

Architektur light – Gingerbread-Villen wie das Invercauld Great House von Black River gehören zum Flair des Südens

Zu schön für diese Welt – ein Hollywoodregisseur würde das Plätschern der YS Falls mit engelsgleichem Chorgesang hinterlegen und sie als romantische Kulisse inszenieren

TOP TIPP zum schönsten Tunnel der Welt, der mehr als 4 km langen **Bamboo Avenue**. *Bambusa vulgaris*, eine bis zu 30 m hoch wachsende Bambusart, gedeiht auf beiden Seiten des nahezu geraden Straßenabschnitts und formt ein lichtgrünes Gewölbe, in dessen Blättern sich die Sonne bricht.

Biegt man an der Straßenkreuzung bei Middle Quarters stattdessen in Richtung Nordwesten ab, erreicht man nach 3 km den Ort *YS* und wenig später die YS Falls. Auf den Ländereien der *YS Estate* werden heute Rennpferde gezüchtet, rotbraune Rinder gehalten und Papayas für den Export angebaut. Der knappe, ungewöhnliche Name von Ort und Gutshof rührt wohl von den einstigen Eigentümern John Yates und Richard Scott her, deren Initialen auf den Zuckersäcken ihrer Plantage aufgedruckt waren. Die heutigen Besitzer des Landgutes, die Familie Browne, führt ihre Ahnenlinie übrigens direkt auf den *Marquis von Sligo* zurück, den Gouverneur von Jamaika zu den Zeiten der Sklavenbefreiung.

Doch nicht die Plantage selbst, sondern die Kaskaden der reizvollen TOP TIPP Wasserfälle **YS Falls** (Tel. 876-634-24 54, www.ysfalls.com, Di–So 9.30–15.30 Uhr, Mo/Fei geschl.) gehören zu den bedeutendsten Attraktionen der Region. Das Wasser des YS River stürzt über eine elegante Treppenfolge von sieben größeren und mehreren kleineren Klippen und Bänken hinab, formt Pools und Badewannen, in denen man schwimmen und sich erfrischen kann. In einem offenen Traktorbus werden die Besucher vom *Visitors Centre* (mit Souvenir- und Buchladen) über die Plantage bis zum idyllischen Picknickplatz am Fuß des Wasserfalls kutschiert. Hier befinden sich Umkleidekabinen, ein Restaurant und ein Baumhaus. Ein Spaziergang auf Holzstegen führt durch tropisches Grün hinauf bis zur imposantesten Kaskade der natürlichen Wasserspiele.

47 Appleton Estate

Nur wenige Äpfel, doch reichlich Zucker und sehr viel Rum.

Von YS führt die B6 in östlicher Richtung über das Städtchen *Maggotty* nach Appleton (12 km). Ein Zwischenstopp lohnt beim **Apple Valley Park** (Di, Do–So 10–17 Uhr, Tel. 876-963-95 08) von Maggotty. Zu dem parkähnlichen Gelände mit Fischteichen, Wiesen, Wäldchen gehört auch ein Restaurant. Von hier gelangt man auf Wanderwegen oder in einem offenen Traktorbus zur *Black River Gorge*, dem Flusstal mit Wasserfällen und natürlichen Badebecken. Wer möchte kann hier Kanu fahren oder angeln. Außerdem werden Reitausflüge angeboten.

Ein Stück weiter liegt im *Siloah Valley*, am Oberlauf des Black River, inmitten ausgedehnter Zuckerrohrfelder eines der

Schwindelig wurde einem Esel an der Zuckerpresse früher nicht vom Rumgenuss, sondern von den ewigen Runden

Hey, hoh und ne Buddel voll Rum

Einst war es das bevorzugte Getränk der britischen Marine und auch der karibischen Piraten, die dem **Rum** auf hoher See so manches trunkene Loblied gesungen haben. Und noch heute wird Rum von ›harten Männern‹ mit Vorliebe pur getrunken. Andere genießen ihn lieber auf Eis oder mit Wasser verdünnt, und schließlich bildet er die Basis vieler bunter und fruchtiger Cocktails. Auf der Zuckerrohrinsel Jamaika hat das Destillat eine Tradition, die bis in die spanische Kolonialzeit (16./17. Jh.) zurückreicht. **Kill-devil** nannten die Briten die ersten höllisch scharfen Drinks, die entstanden, nachdem Melasse, ein süßlich-brauner Sirup und Restprodukt bei der Zuckerproduktion, fermentierte. Später nannte man das Feuerwasser **Rumbullion**, am Ende des 17. Jh. wurde Rum daraus. **White Overproof**, glasklarer Rum mit 64 % Alkoholgehalt, soll gegen alle Wehwehchen helfen. Er wird in zahllosen Rum Shops und Bars auf Jamaika ausgeschenkt. Der braune Rum erhält seine Farbtönung erst durch die Lagerung in **Eichenfässern**, die Zugabe von Karamel und allerlei streng geheim gehaltenen Aromamixturen. Der größte Exportschlager, der exzellente Jamaica Rum mit dem berühmten **Appleton** Label, lagert mindestens sieben Jahre. Erst dann ist er reif für den Ausschank in den Cocktailbars der ganzen Welt.

Traditionsunternehmen von Jamaika, das seit 1749 einen der besten Rums der Welt produziert. Die Appleton Estate gehört seit langem zum Firmenimperium *Wray & Nephew*. John Wray, dessen Gründer, eröffnete 1825 in Kingston die Shakespeare Taverne, in der er einen beliebten Hausbrand ausschenkte. Nachdem er seinen ambitionierten Neffen Charles Ward 1864 als Nachfolger in die Firma aufgenommen hatte, entwickelte sie sich unter dem Namen Wray & Nephew zum führenden Hersteller und Exporteur von **Jamaica Rum**. In Appleton werden heutzutage jährlich rund 16 000 t Zucker raffiniert und 10 Mio. Liter Rum destilliert. Im Rahmen der **Appleton Estate Rum Tour** (Tel. 876-963-92 15, Mo–Sa 9–17 Uhr) lernen Besucher den Produktionsprozess kennen. Man kann vom Zuckerrohrsaft kosten, sieht die dunkle *Melasse*, schnuppert am gegorenen *High Wine* und kann sich schließlich ein kleines Fläschchen Rum aus den Fässern selbst abfüllen, die Verkostung findet in der *John Wray Tavern* der Destille statt. Ein *Shop* führt die ganze Palette der Appleton-Produkte, zu der auch sahnige Rumliköre gehören.

i Praktische Hinweise

Einkaufen

Sweet Bakery, Maggotty, neben dem Valley Restaurant. Hier kauft man köstliche Backwaren und mit Fleisch oder Gemüse gefüllte Patties.

Restaurant

Valley Restaurant, Maggotty, beim Apple Valley Park, Tel. 876-963-95 08. Das Lokal bietet eine großen Auswahl an landestypischen Gerichten (Sa/So 11–21 Uhr, sonst nur auf Voranmeldung geöffnet). Es werden auch Zimmer vermietet.

48 Whitehouse

Ein Ferienzentrum, ein Fischerdorf und kulinarische Köstlichkeiten.

Die Straße A2 von Black River nach Bluefields führt meist an der Küste entlang. Landeinwärts erstrecken sich Ländereien mit Rinderzucht und Pimento-Pflanzungen, auf denen auch der beliebte Jamaika-Pfeffer, *All-Spice*, gewonnen wird. Das Dörfchen *Scott's Cove* 2 km südlich von Whitehouse ist einer der besten Orte der Insel, um *Bammy* zu kosten. Die dicken

Fladen aus Cassavamehl wurden schon an den Lagerfeuern der Arawak geröstet. Sie munden besonders gut mit gebratenem Fisch und direkt am Strand serviert.

Whitehouse selbst gilt mit seiner Flotte von über 60 Booten als wichtigster Fischerort an der Südwestküste. Im Morgengrauen kommen die Seeleute von den Fanggründen um die 130 km entfernten *Pedro Cays* zurück. Thunfisch, Marlin, Red Snapper oder Hummer werden gleich am Strand an Händler verkauft und können schon am Abend in Fischlokalen auf der ganzen Insel genossen werden.

Mit dem *Sandals Whitehouse* hat hier 2005 das erste All-inclusive-Resort der Südküste eröffnet.

Praktische Hinweise

Hotel

******Sandals Whitehouse**, Tel. 876-640-30 00, www.sandals.com. Großzügige All-Inclusive Anlage (nur für Paare) am Strand mit Bauten im europäischen Stil, mit Riesenpools, Restaurants und Bars sowie umfangreichem Freizeitangebot.

49 Bluefields

Geschichtsträchtiger Küstenabschnitt und beliebter Wochenendstrand.

Die Küstenstraße A2 erreicht kurz hinter Whitehouse das Dörfchen **Belmont**. Der berühmteste Sohn des Ortes, der in Kingston ermordete Reggae-Musiker *Peter Tosh* (1944–1987), liegt hier begraben. Tosh, ein Gründungsmitglied der Wailers, startete wie Bob Marley nach 1974 eine Solokarriere. Bei seinem *Mausoleum* (tgl. 9–17 Uhr), es steht auf dem Familiengrundstück, werden auch Musikaufnahmen und Andenken an den rebellischen, systemkritischen Sänger und Songwriter verkauft.

Der benachbarte, wie eine Sichel geformte Strand von **Bluefields**, der *Bluefields Beach Park*, ist am Wochenende Ziel vieler jamaikanischer Familien. In der Bluefields Bay gründeten die Spanier einst die Siedlung *Oristano* und zwar noch vor der Etablierung der ersten offiziellen Siedlung Sevilla la Nueva (1509) an der Nordküste. Von Oristano ist außer Einträgen in alten Landkarten nichts erhalten. *Juan de la Costa*, Steuermann und Kartograph von Christoph Kolumbus, soll um 1503 die Gründung des Ortes angeregt haben. Ein

Salut am Grab des Rasta-Rebel – Peter Tosh galt als Enfant terrible des Reggae

spanischer *Handelsweg* schlängelte sich später von hier in nordöstlicher Richtung bis zur Mündung des Martha Brae River bei Falmouth. Der reizvolle Plan, diese Strecke als attraktiven Wanderweg auszubauen, existiert bislang allerdings nur auf dem Papier.

Doch der Historie nicht genug: Im Jahre 1670 sammelte der berüchtigte Freibeuter und spätere Gouverneur von Jamaika, **Henry Morgan**, in der Bluefields Bay eine schlagkräftige Flotte von Piratenschiffen, um in einem Handstreich *Panama*, die wichtigste Metropole Mittelamerikas und Umschlagplatz für Edelmetalle, zu plündern.

Im Westen der Bucht liegt **Paradise Park** (Tel. 876-955-26 75), eine seit dem 18. Jh. bestehende Plantage. Man kann die herrliche Landschaft auf einem Ausritt erkunden, in der Bluefields Bay oder im Sweet River baden, den Regenwald erkunden und picknicken.

Praktische Hinweise

Hotels

******Bluefields Villas**, Reservierung in den USA, Tel. 001/202/232-40 10, Fax 001/703/549-65 17, www.bluefieldsvillas.com. Luxuriös ausgestattete Strandvillen in schöner Hanglage mit All-inclusive-Service, Pools, Tennisplatz und Sea Kajaks.

***Shafston Estate Greathouse**, Bluefields, Tel. 876-869-92 12, www.shafston.com. Guesthouse in Hügellage mit Zimmern in drei Preiskategorien von elegant bis einfach. Pool, Bar und Restaurant mit jamaikanischer und internationaler Küche.

Negril und der Westen – Urlaubsfreuden am Silberstrand, pittoreske Klippenkulisse und Zuckerhäfen

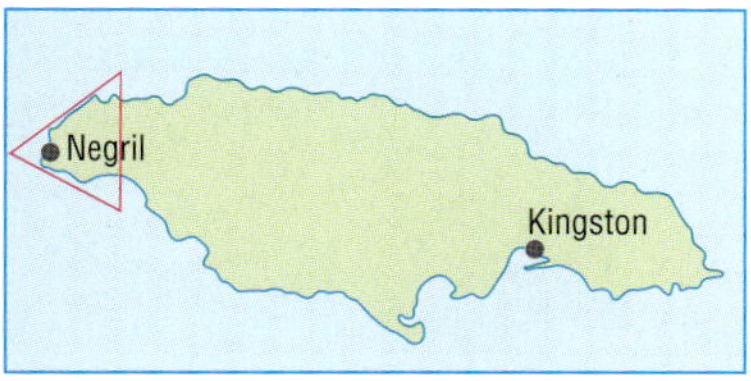

Die Küsten und Strände des Westendes von Jamaika bieten die besten Logenplätze für ein Naturschauspiel, das an Schönheit und Romantik kaum zu überbieten ist: Beim *Sonnenuntergang* werden Himmel und Meer von einem karibischen Farbenrausch erfasst, dessen Faszination sich kein Betrachter entziehen kann. In **Negril**, dem großen charmanten Feriendorf mit seinem 11 km langen *Traumstrand*, jedenfalls wird dieses Ereignis allabendlich andächtig bestaunt. Ansonsten hat sich in dem früheren Fischerort trotz trendignaturnahem Stranddasein und reggaegetränktem Nachtleben ein entspannter Lebensstil erhalten, der noch von den Zeiten zehrt, als Negril und die klippengerahmte Westküste durch die Wasser- und Sumpflandschaft des *Great Morass* und durch die *Negril Hills* vom Rest der Insel abgeschirmt waren. Entsprechend verschlafen wirken auch die kleinen Dörfer der Umgebung wie **Green Island** und **Little London**. Selbst einst bedeutende Zuckerexporthäfen wie **Savanna-la-Mar**, Kapitale des Westmoreland Parish, und **Lucea**, die beide in einem der wichtigsten Anbaugebiete von Zuckerrohr liegen, verströmen diesen nonchalanten Charme, der wie das kontrastreiche, von Schroffheit und Lieblichkeit gezeichnete Landschaftsbild zur Anziehungskraft dieser Region Jamaikas beiträgt.

50 Savanna-la-Mar

Bezirkshauptstadt mit vielen Kirchen und Einkaufszentren.

Die Hauptstadt des *Westmoreland Parish*, wie ihr Name sagt in der ›Ebene am Meer‹ gelegen, wurde um 1730 als *Hafen* für den Zuckerexport gegründet. Noch heute wird nördlich von Savanna-la-Mar, kurz Sav genannt, Zuckerrohr in großem Umfang angebaut. Die *Frome Sugar Factory* war in den 1930er-Jahren Ursache für die Gründung der ersten Gewerkschaft Jamaikas. Als dieser große Verarbeitungsbetrieb sieben kleinere ersetzte, die bis dahin die Ernte der 16 Plantagen der West Indies Sugar Co. bewältigt hatten, waren Unruhen unter den Arbeitern die Folge. **Alexander Bustamante** aus dem nördlich gelegenen Lucea profilierte sich als Sprecher der Streikenden und gründete bald darauf die *Bustamante Industrial Trade Union*, aus der wiederum die Jamaica Labour Party hervorging.

Schnurgerade zieht sich die annähernd 2 km lange Hauptstraße **Great George Street** durch den Ort bis zum Meer, wo sie am Verladepier für Zucker endet. Dort sind auch die vom Meer umspülten Überreste des nie vollendeten *Forts* auszumachen, dessen Mauern schon 1755 einstürzten. Aus ganz Westmoreland kommt man heutzutage zum Einkaufen nach Sav, und die Malls und Geschäfte an der Great George Street erfüllen viele Käuferwünsche. Gegenüber dem 1925 errichteten *Courthouse* schmückt ein *Brunnenhäuschen* (1887) mit filigranem Eisengitter die eher nüchterne Kulisse. Am Samstag findet hier ein großer, vielbesuchter **Markt** statt.

Die **Mayfield Falls and Mineral Springs** (Tel. 876-971-65 80, tgl. 9–17 Uhr) bei Glenbrook nördlich von Sav bieten vielfältige

◁ **Oben:** *Sonnenspucker – wer so kunstvoll mit dem Feuer spielt, kann dem Farbschauspiel des Sunset in Negril manchmal fast Konkurrenz machen*
Unten: *Zum vielfältigen Nachtleben von Negirl zählen auch die Auftritte von Reggae Bands und DJs, meist auf Freilichtbühnen am Strand oder in einem der Clubs*

Naturerlebnisse. Auf der geführten Wanderung (teilweise durch den Fluss) gibt es tiefe Naturpools, eine Unterwasserhöhle und schließlich den Wasserfall selbst zu entdecken. Nach einem erfrischenden Bad bei den Kaskaden geht es auf dem Rückweg durch herrliche Farmlandschaft zu den Mineralquellen am Zusammenfluss von Mayfield und Cabrita River, deren heilsame Wirkung man beim Eintauchen erproben kann. Zum Abschluss lädt der idyllische Naturpark der Mayfield Falls mit Bar und Restaurant zu einer Ruhepause ein.

51 Little London

Von Zuckerrohrfeldern und indischen Landarbeitern.

An London erinnert nichts außer dem Ortsschild in dem Dorf an der Straße A2 von Savanna-la-Mar nach Negril. Auf den Feldern der fruchtbaren Ebene wiegen sich Tausende von Zuckerrohrhalme im Wind. Jamaika war *die* Zuckerinsel im britischen Empire, und als nach der Sklavenbefreiung 1838 Mangel an Arbeitskräften herrschte, warb man auch aus Indien Leute an. Von den fast 40 000 indischen Vertragsarbeitern siedelte ein Drittel in der Umgebung von Little London, und noch heute leben zahlreiche indischstämmige Jamaikaner in der Gegend. Ihre Vorfahren hatten den *Curry* mit auf die Insel gebracht, längst unverzichtbarer Bestandteil vieler Nationalgerichte, und *Ganja*, schnellwachsendes Gras, das als Marihuana ebenfalls äußerst beliebt wurde. Für die Rastas mag es rituellen Charakter haben, doch auch in Jamaika ist der Besitz, Handel und Genuss von Rauschgift strafbar. Das gilt auch für Touristen, und so mancher leichtsinnige Urlauber ist hier schon ins Gefängnis gewandert.

52 Negril

Traumstrand, ›Easy Living‹ und wunderschöne Sonnenuntergänge.

Das kostbarste Gut des großen Urlaubsdorfes Negril ist sein 11 km (7 miles) langer Sandstrand *Long Bay*, der sich – beschattet von Kokospalmen, umspült vom türkisblauen Meer und gerahmt von einer Kette von Hotelresorts und Villen – zwischen Rutland Point und der Mündung des South Negril River erstreckt. Südlich dieses Flusses, hinter dem winzigen *Negril Village*, liegt das *West End* mit seinen kleinen originellen Hotels und Restaurants auf mehr als 10 m hohen schroffen Klippen, an denen sich sprühend die Meereswogen brechen. Negril ist dank seiner natürlichen Reize und unvergleichlichen Atmosphäre eine verführerische Mischung, in seiner Faszination durchaus vergleichbar mit dem berau-

Am Brunnen vor dem Courthouse – kann man Savanna-la-Mar gleich erkennen

Mal was anderes als eine Mall – Savs kleine Läden bieten traditionelles Einkaufsvergnügen

Hit me with Music

Bounty Killer – so richtig gut ist ein Dancehall-DJ erst mit einem gruseligen Namen

In Jamaika hängt der Himmel voller Scheiben. Eine Insel, auf der wöchentlich mindestens 200 neue Songs produziert und auf den Markt geworfen werden, kann nichts weniger als verrückt nach Musik sein. Doch was der Reisende hier zu Gehör bekommt, sind keine **Reggae**-Klassiker. Außer auf Hotelpartys oder bei den Retro Nights der Clubs wird man Songs von Bob Marley, Peter Tosh, Dennis Brown oder Gregroy Isaacs eher selten hören. Denn das Land ist seit Jahrzehnten im **Dancehall**-Fieber, ein durchaus ansteckendes Leiden, wie die Welt spätestens seit Shaggy's ›Mr. Boombastic‹ (1995) weiß. Wo diese freche, provokante, angeberische und lustige DJ-Musik aus der Familie des Reggae entstanden ist, sagt ihr Name, in den Tanzschuppen, die von über die Insel ziehenden *Sound Systems*, den hochverehrten **DJs** mit ihren heißen Plattentellern und gnadenlosen Lautsprechertürmen, heimgesucht werden. In den 1970er-Jahren weiteten die DJs ihre Kompetenzen vom *Sound Selector*, der den mitreißendsten Musikmix präsentierte, zum *Toaster* aus. Über einem *Rhythm Track* oder eine *Dub Plate*, die Instrumentalversionen populärer Songs, sangen und schwätzten sie, die Urväter der Rapper, brandaktuelle Texte, Kommentare zu den Tagesthemen, der Party Crowd, zu Liebe und Leid. Der erste große DJ-Star **Yellowman** gab in den 1980er-Jahren mit seinen ätzenden Sprüchen voller Selbstironie und sexuellen Keckheiten den Tenor vor.

Noch heute toben sich die konkurrierenden Mikrofonakrobaten in solcher rüden Slackness bis zur Erschöpfung aus. Es gibt natürlich auch zahmere Songs von Stars wie Buju Banton, Sizzla, Capleton und Anthony B., die sich auf die **Roots** besinnen, die Wurzeln des Reggae in Glaubensinhalten der Rastafari. Doch weder sie noch die anderen **Titelverteidiger** des 21. Jh. wie Elephant Man, Beenie Man, Sean Paul, Bounty Killer, Vybz Kartel, Lady Saw, Tanya Stephens und Cécile versagen sich die Freude daran, ihr Publikum mit immer neuen Songs voller witzig-zynischer Betrachtungen zu den Irrungen und Wirrungen des Lebens und der Liebe zu begeistern.

Die DJs geben auch bei der Verbreitung neuer **Tanzstile** den Ton an, die sich im Gefolge der Musik wie Lauffeuer über die Insel verbreiten. Sie stammen von Tänzern wie Ding Dong, Jonathan ›John Hype‹ Prendergast oder dem 2005 ermordeten Gerald ›Bogle‹ Levy. Die Choreographien aus coolen Schrittfolgen, Körperakrobatik und lebhaften Gesten tragen Namen wie Higher Level, Row the Boat, Signal the Plane, Parachute, Raindrops, Thunder Clap, Willy Bounce, Sesame Street, Chaplin oder Dutty Wine. Wer hier uptodate sein will, muss wohl täglich hart trainieren. Doch auch für all die Jamaikaner, die auf dem Dancefloor nicht mit dem letzten Schrei Schritt halten können, bleiben der Spaß am Tanzen und die Freude an der Musik das allerwichtigste.

schend-süßen Cocktail *Sundowner*, der wiederum auf den optischen Höhepunkt des Negril-Tages verweist, auf das opulente Farbenspektakel, mit dem die Sonne am Abend im Meer versinkt.

Von Piraten und Blumenkindern

Nördlich von Long Bay öffnet sich eine zweite, kleinere Bucht namens **Bloody Bay**, die bis zum North Negril River reicht. In diesem natürlichen Hafen lagen im 16. Jh. häufig ganze Piratenflotten vor Anker, wenn sie nicht gerade auf der Jagd nach Handelsschiffen waren. *Punta Negrilla* nannten die Spanier den Küstenabschnitt nach den hier heimischen Flussaalen. Die ›Blutige Bucht‹ erhielt ihren abschreckenden Namen erst im 19. Jh., als *Walfänger* das Blut der ausgeweideten Tiere ins Meer fließen ließen. In den Jahrhunderten dazwischen hatte sich einiges ereignet. So versammelte der britische *Admiral John Benbow* 1702 seine Flotte in der Bucht für eine Seeschlacht gegen die Streitmacht des französischen Admirals Jean du Casse, die mit einer furchtbaren Niederlage enden sollte. 1720 hatten die Engländer dann mehr Grund zur Freude, denn es gelang ihnen, den gefürchteten Piraten *Calico Jack Rackham* nach einem Trinkgelage gefangen zu nehmen. Zu seiner Besatzung gehörten auch zwei Piratinnen in Männerkleidung, *Anne Bonney* und *Mary Read*. Weil beide Damen schwanger waren, entgingen sie dem Galgen, Rackham aber wurde in Port Royal aufgeknüpft. Von der Bloody Bay stach Ende 1814 auch der britische General Edward Pakenham mit 50 Kriegsschiffen in See, um New Orleans zu erobern, doch General Andrew Jackson rieb die Briten nahe der Mündung des Mississippi Anfang Januar 1815 auf. Jahre später, 1953, war das der Bucht vorgelagerte Inselchen **Booby Cay** Schauplatz eines spannenden, aber friedfertigen Ereignisses, der Disney-Verfilmung des berühmten Jules-Verne-Romans ›20 000 Meilen unter dem Meer‹. Zu den Badestränden des Eilands veranstalten heute die Hotels Bootsausflüge inklusive Beach Party.

Kaum vorstellbar, dass Negril, das drittgrößte Ferienresort Jamaikas, einst ein isoliert gelegenes Fischerdorf war. Erst 1959 beschloss die Regierung unter Norman Manley, eine Straße von Montego Bay nach Negril zu bauen, die innerhalb des Ortes **Norman Manley Boulevard** heißt. In den 1960er-Jahren entstanden dann die ersten kleinen Pensionen und Hotels, Ziel zahlreicher ›Blumenkinder‹ aus den USA. Einigen gefiel es so gut, dass sie blieben, heute sind sie erfolgreiche Hoteliers oder Restaurantbesitzer. In den 1970er-Jahre wurde Negril auch von Reiseveranstaltern entdeckt und 1977 entstand als erstes großes Resort das Negril Beach Village. Mitte der 1980er-Jahre ergriff das Strandparadies dann jener **Tourismusboom**, der bis heute unvermindert anhält. Umweltschutz und Bauvorschriften sind zum Glück vorhanden. Eine Bestimmung der Negril Land Authority legt z. B. fest, dass kein Gebäude die Palmen überragen darf.

Long Bay – Badeparadies mit Laufsteg

Ein Pionier unter den jamaikanischen Hoteliers, Abe Issa, erfand in Negril die Idee der **All-inclusive-Resorts** für die Karibik neu und konnte mit seiner Anlage

Ganz schön abgehoben – Parasailing, der Fallschirmflug entlang der Küste, ist einer der Glanzpunkte im Wassersportprogramm von Negril Beach

Sieben Meilen Sand – für viele Besucher ist der bildschöne Strand von Negril mit seinem lässigen Lebenstil und vielseitigen Wassersportangebot das reine Urlaubsvergnügen

Hedonism II (damals Negril Beach Village) im Norden der Long Bay sowie Gerüchten über die dort stattfindenden freizügigen Partys und Sportvergnügungen die Fantasie vieler Urlauber beflügeln. Nicht weit vom Hedo entfernt präsentieren sich heute – moralisch einwandfrei – mit dem *Sandals Negril* und dem Familienhotel *Beaches* Häuser der Sandals-Kette von Butch Steward, Konkurrent der Issas und ihrer SuperClubs.

Eigentlich kann man die Urlaubskollektion von Schuhen gleich im Koffer lassen, denn an der Long Bay von TOP TIPP **Negril Beach** mit seinem weißen Puderzuckersand läuft man barfuß. Der Strand ist eine 11 km lange, wunderschöne *Sandpromenade*, auf der Urlauber aus aller Welt vom frühen Morgen bis in die Nacht auf und ab flanieren Es geht vorbei an den Hütten der Guesthouses und den Palästen der eleganten Hotels, an Restaurants und kleinen Bars unter Palmen. An die guten alten Zeiten erinnern bunt bemalte Fruchtstände und Jerk-Grills, fliegende Händler mit Flaschen voller Fruchtsäfte oder Bündeln grüner Kokosnüsse. Allerlei smarte Typen mischen sich unter die Menge und bieten verbotene Genüsse an, Ganja, Kokain oder Magic Mushrooms. Andere wieder setzen sich selbst in Szene und flirten mit den Fremden, die ja vielleicht auf der Suche nach einem jamaikanischen Liebesabenteuer sind. Viele Besucher vergnügen sich aber einfach damit, am Strand zu liegen und zwischendurch im kristallklaren Wasser zu baden. Die derart mit süßem Nichtstun ausgefüllten Tage klingen abends bei köstlichen Speisen in einem Strandrestaurant aus. Doch damit nicht genug: Negril bei Nacht gilt es zu erkunden, im Reggae-Rhythmus bei exotischen Drinks in einer Strandbar oder bei einer ausgelassenen Beach Party.

Während im Norden die Hotelresorts wie das schöne *Couples Swept Away* in ausgedehnten tropischen Gärten liegen, rücken die Hotels und Restaurants im Süden der Long Bay immer dichter zusammen. Lange vor dem Swept Away gab es übrigens schon **Cosmo's Seafood**, das weiter nördlich gelegene Strandrestaurant, in dem Fisch und Meeresfrüchte die Stars der Speisekarte sind. Ein ausgedehnter Spaziergang in Richtung Süden führt zu einer traditionsreichen Strandbar mit Freilichtbühne: **Alfred's Ocean Palace** ist einer der Treffpunkte von Negril mit interessantem Publikum und exzellenten Reggae-Shows. Nicht nur die luftige Holzarchitektur spricht für das weiter südlich gelegene Restaurant **Kuyaba**, hier werden köstliche Frühstücksvariationen und zum Dinner Hummerträume serviert. Statt Nachtisch kann man im Kuyaba Shop hübsche Souvenirs erwerben. Um die dreht sich auch alles im **Negril Craft Market**, der mit seinen bunt dekorierten Verkaufsständen den Schlussakkord am Negril Beach setzt.

Negril Village und Great Morass – Minidorf am Sumpf

Long Bay und Negril Village werden im Osten gerahmt vom Sumpfgebiet des **Great Morass**. Als in den 1980er-Jahren Pläne zur Ausbeutung seiner Torfvorkommen ruchbar wurden, erhob sich ein derartiger Sturm der Entrüstung, da Regierung schnell die Finger davor Das *Negril Chamber of Commerce* e sich dabei als Vorreiter einer umw wussten Politik und trieb die Entwic eines Naturschutzgebietes voran, d wohl den mehr als 24 km² großen Great Morass als auch das Korallenriff vor der Küste miteinbezieht. Am Ufer des *South Negril River* liegen Fischerboote, die man für Fahrten entlang der Küste oder flussaufwärts in den Great Morass mieten kann. Das tanninhaltige, dunkle Wasser verdankt der Fluss dem Torf des Feuchtgebietes. Über die Sheffield Road (A2) Richtung Savanna-la-Mar erreicht man die **Royal Palm Reserve** (Tel. 876-364-74 07, 876-957-37 36, www.royalpalmreserve.com, tgl. 9–18 Uhr), ein Schutzgebiet im Great Morass, das man auf Holzstegen erkunden kann. Der Name der Reserve verweist auf die hier endemische Königspalme, die *Morass Royal Palm*. Insgesamt sind hier 114 Pflanzen- und 300 Tierarten beheimatet, darunter zahlreiche Vögel, z. B. der Nationalvogel *Doctor Bird*, ferner Schmetterlinge, Schildkröten und Krokodile. Nach der Erkundung des Naturlehrpfads mit Aussichtsturm kann man angeln oder einen Reitausflug machen. Außerdem gibt es ein Museum zu Flora und

Acapulco, ade! – Die Felsspringer machen eine gute Figur vor der mit afrikanisch anmutenden Hütten geschmückten Klippenkulisse des West End

Oh, welch ein Finale – der Sonnenuntergang zählt zu den gesellschaftlichen Höhepunkten in Rick's Cafe auf den Klippen von Negril

Fauna und am *Cotton Tree Lake* eine hübsche Terrasse mit Bar.

Südlich der Brücke über den South Negril River markiert der Kreisverkehr das winzige **Negril Village**. Hier findet man Malls wie Coral Seas Plaza, Plaza de Negril, Sunshine Village Plaza und Fi Wi Plaza, ferner Banken und das Postamt.

West End – Lifestyle on the Rocks

Die *West End Road* und im weiteren Verlauf die *Lighthouse Road* winden sich vom Village aus in Richtung Südwesten kurvenreich die Küste entlang durchs West End. Per Taxi, Fahrrad oder Motorroller erkundet man das Terrain. Die *Cliffs*, jene von schroffen Klippen, kleinen Höhlen, Felsplateaus und malerischen Buchten geprägte Landschaft, zeigen Negril von einer ganz anderen Seite. Verspielte, gewagte und märchenhafte Villen, einfache Herbergen und kleine Luxushotels im romantischen Ethnodesign thronen inmitten tropischen Grüns hoch über dem Meer, in die Felsen sind kleine Pools, Treppen und Leitern zum Meer hineingemeißelt. Hier erinnert noch vieles an den alternativen Lebensstil, der Negril einst prägte, jenen eigenwilligen ländlich-kosmopoliten Charme. Die Hotelgäste bleiben tagsüber auf den Cliffs meist unter sich, doch gegen Abend kreuzen plötzlich Katamarane und Kajaks, Fischerboote und Motorjachten vor der Klippenkulisse, drängen sich die Gäste in **Rick's Café** um die besten Plätze für die große Schlussszene des Tages, den malerischen *Sonnenuntergang*. Die Aufmerksamkeit des Publikums nutzend springen Wagemutige von den 10 m hohen Klippen ins Meer. An den großen Bars herrscht unterdessen Hochbetrieb, denn Drinks dürfen bei solch einem Spektakel natürlich nicht fehlen.

Es gibt aber auch ruhigere Plätze z. B. im Bereich des **Negril Lighthouse**. Seit 1894 warnt das heute mit Solarenergie betriebene Leuchtfeuer Schiffe vor den Untiefen und Riffen der Küste. Südlich des Leuchtturms schwenkt die Küstenstraße, die dann bald *Ocean Drive* heißt, wieder nach Osten. Durch die wunderschönen *Negril Hills* führt dann eine Piste zurück auf die Straße Negril–Savanna-la-Mar.

Traumwelt unter Wasser

Gleich mehrere Anbieter verleihen in Negril Tauchausrüstungen, bieten Tauchkurse und organisieren Trips zu den vorgelagerten Korallenriffen, z. B. *The Arches*, *Throne Room* und *Sands Club Reef*. Die Riffe sind Teil des **Negril Marine Park** und stehen unter Naturschutz. In der Tiefe sieht man farbige Schwämme, Seeanemonen, Elchhornkorallen mit ihren festen Skeletten, Fächerkorallen, die im Wasser wie im Wind schwanken, dazwischen gestreifte Sergeantfische, farbenprächtige Papageien- oder Kaiserfische und sogar Wasserschildkröten. Einige gesunkene *Schiffe* und ein einst mit Drogen beladenes *Sportflugzeug*, das seine Landebahn verpasste, liegen wie malerische künstliche Riffe am Meeresgrund, längst sind sie von Pflanzen und Tieren in Beschlag genommen worden.

Schnitzweltmeister – im Craft Market von Negril lässt dieser Künstler seiner Inspiration freien Lauf, Hauptsache es kommt nachher ein Rasta-Porträt dabei heraus

Praktische Hinweise

Flughafen

Negril Aerodrome, 11 km nordöstlich von Negril, Tel. 876-957-53 74, 876-940-66 09. Innerjamaikanische Flüge mit Airlink oder Timair.

Wassersport

Aqua Nova Watersports, Mariner's Negril Beach Club, Norman Manley Blvd., Negril, Tel. 876-957-47 54. Segeltrips und Sunset Cruises.

Marine Life Divers, Samsara Hotel, West End Rd., Negril, Tel.876-957-32 45, www.mldiversnegril.com. PADI-Kurse auch auf Deutsch.

Negril Scuba Centre, Mariner's Negril Beach Club, Norman Manley Blvd., Negril, Tel. 876-957-44 25. Etablierte Tauchschule mit zwei Dependancen.

Ray's Watersports, Norman Manley Blvd., Negril, Tel. 876-957-53 49, www.rayswatersportsnegril.com. Parasailing, Windsurfing, Wasserski, Glass Bottom Boat, Katamaran und Sunset Cruises.

Sundivers Jamaica, Point Village Resort, Norman Manley Blvd., Negril, Tel. 876-957-45 03, www.sundiversnegril.com. Viel Wassersport inkl. Tauchschule.

Fahrzeugverleih

Jus Jeep, West End Rd., Negril, Tel. 876-957-00 94. Verleih von Jeeps und anderen Fahrzeugen.

Tyke's Bike Rental, Negril, Tel. 876-957-03 88. Motorroller-Vermietung.

Vernon's Car & Jeep Rental, Plaza de Negril, Negril, Tel. 876-957-43 54. Pkw-, Jeep- und Motorrollerverleih.

Taxi

JUTA, Negril, Tel. 876-957-46 20, www.jutatoursnegrilltd.com

Nachtleben

Alfred's Ocean Palace, Norman Manley Blvd., Negril, Tel. 876-957-47 35, www.alfreds.com. Ein kunterbuntes Publikum trifft sich hier zu Drinks, Snacks und Reggae Shows bei ausgelassener Party-Stimmung (Livemusik Di, Fr, So).

Komm auf die Schaukel, Luise – Zeitvertreib und Ausdauertraining während einer langen, aufregenden Negril-Nacht

Margaritaville, Norman Manley Blvd., Negril, Tel. 876-957-44 67, www.margaritavillecaribbean.com. Lebhafte Strandbar mit Restaurant, Musikkulisse, Wassertrampolin und Kletterwand.

Mi Yard, West End Rd., Negril, Tel. 876-957-44 42. Die bei Jamaikanern beliebte Bar (24 Std.) bietet gute Musik, Drinks und Jerk-Food. Ab 2 Uhr nachts geht es hier richtig rund.

Rick's Café, West End Rd., Negril, Tel. 876-957-03 80, www.rickscafejamaica.com. Der Klassiker für Sonnenuntergangsanbeter verfügt über eine lebhafte Bar, Restaurant, Pool und Souvenirshop. Treff der Felsenspringer.

TOP TIPP **The Jungle**, Norman Manley Blvd., Negril, Tel. 876-957-40 05, www.junglenegril.com. Jamaikas In-Crowd tummelt sich in diesem Nachtklub mit Regenwalddekor und Sports Bar. Die tollsten Nächte für Tanzfans sind Do (Ladies Night) und Sa.

Hotels

*******Couples Swept Away**, Norman Manley Blvd., Long Bay, Negril, Tel. 876-957-40 61, Fax 876-957-40 40, www.couples.com. Geschmackvolle Anlage (nur für Paare) mit Cottages und Great House, mit Restaurants, Nachtklub usw. in traumhaftem Garten am Strand. Vielseitiges Wassersportprogramm, Katamaran, Tennisplätze und Shops.

*******Grand Lido Negril**, Norman Manley Blvd., Bloody Bay, Negril, Tel. 876-957-50 10, Fax 876-518-51 48, www.grandlido.com. Luxuriöses All-inclusive-Resort mit Spitzenrestaurant *Piacere* und hauseigener Segeljacht.

******Beaches Negril**, Norman Manley Blvd., Long Bay, Negril, Tel. 876-957-92 70, Fax 876-957-92 69, www.beaches.com. Hübsch gestaltete All-inclusive-Anlage speziell für Familien mit Kindern.

******The Caves**, Lighthouse Rd., West End, Negril, Tel. 876-957-02 70, Fax 876-957-49 30, www.islandoutpost.com. Künstlerisch gestaltete Cottages in Gärten über dem Meer mit Sonnenterrassen, Pool und einem stimmungsvollen Höhlen-Restaurant.

TOP TIPP ******Rockhouse**, West End Rd., Negril, Tel. 876-957-43 73, Fax 876-957-05 57, www.rockhousehotel.com. Geschmackvoll eingerichtete Villen und Studios in tropischem Garten auf den Klippen. Das Restaurant bietet

Ital – im West End lockt Errols ›Royal Kitchen‹ mit vegetarischen Genüssen

jamaikanische Gourmetküche. Zum vielfältigen Sportangebot gehören auch Yoga-Stunden.

*****Xtabi**, Lighthouse Rd., West End, Negril, Tel. 876-957-01 21, Fax 876-957-08 27, www.xtabi-negril.com. Hübsches Anwesen am Meer mit Zimmern und Bungalows sowie Pool auf den Klippen. Durch eine Höhle gelangt man zur Sandbucht.

****Coral Seas Cliff**, West End Rd., Negril, Tel. 876-957-43 88, Fax 876-957-42 69, www.coralseasnegril.com. Nette Anlage mit sauberen Zimmern, Klippenrestaurant, Pool und Sportmöglichkeiten.

****Devine Destiny**, Summerset Rd., West End, Negril, Tel. 876-957-91 84, Fax 876-957-38 46, www.devinedestiny.com. Gepflegtes Anwesen im Hacienda-Stil 400 m von den der Küste entfernt.

****Sunset at the Palms**, Ruthland Point, Negril, Tel. 876-957-53 50, Fax 876-957-53 81, www.sunsetatthepalms.com. Die Bungalows (85 Zi.) mit Pool und Tennisplatz stehen auf Stelzen im Wäldchen, nur durch die Straße vom Strand der Bloody Bay getrennt.

***Roots Bamboo**, Norman Manley Blvd., Long Bay, Negril, Tel. 876-957-44 79, Fax 876-957-91 60, www.rootsbamboo.com. Freundliche Herberge am Strand mit Holzbungalows, Campingplatz und preiswertem jamaikanischen Restaurant.

Restaurants

Chicken Lavish, West End Rd., Negril, Tel. 876-957-44 10. *Curried Goat* oder frisch gegrillter Fisch und herrliches Huhn in großen Portionen.

TOP TIPP **Cosmo's Seafood**, Norman Manley Blvd., Negril, Tel. 876-957-43 30. Open-Air-Bistro am Strand. Die wunderbaren Fisch- und Muschelgerichte werden frisch zubereitet. Empfehlenswert ist die Riesenportion *Conch Soup*.

Hungry Lion, West End Rd., Negril, Tel. 876-957-44 86. Das legere Lokal bietet Seafood und Ital Food, außerdem gute Fruchtsäfte und Cocktails.

Gambino's, Beachcomber Club, Norman Manley Blvd., Negril, Tel. 876-957-41 70. Italienische Genüsse z. B. frische Pasta und Risotto sowie köstlichen Fisch und Hummer.

Kuyaba, Norman Manley Blvd., Negril, Tel. 876-957-43 18, www.kuyaba.com. Muscheln, Fisch, Hummer, Lamm und Pasta, köstlich und frisch, mit Blick auf den Strand.

Lighthouse Inn, West End Rd., nicht weit vom Negril Lighthouse, Negril, Tel. 876-957-40 52. Leckere jamaikanische Gerichte, köstliche Getränke. Mi abends Mento Show.

Sweet Spice, 1 Whitehall Rd., Negril, Tel. 876-957-46 21. Bodenständige jamaikanische Speisen wie *Curried Chicken*, *Oxtail* oder Fisch.

53 Orange Bay und Green Island

Warme Mineralquellen und kreisrunde Buchten nördlich von Negril.

Verlässt man Negril auf der A1 in Richtung Montego Bay, erreicht man nach wenigen Kilometern **Orange Bay** mit dem stil-

Eiskalt und gelassen – die jamaikanischen Bob-Olympioniken vor ihrem Kampf um Gold (›Cool Runnings‹, USA, 1993)

Cool Runnings – Olympic Jamaica

Die Sportler Jamaikas sorgen immer wieder für Schlagzeilen. Waren es einst die Cricket-Spieler, die selbst den Stars des britischen Nationalteams das Fürchten lehrten, so begannen ab den 1960er-Jahren die **Leichtathleten** die Siegertreppchen bei internationalen Sportwettkämpfen zu erobern. Spitzensportler wie Lennox Miller, Don Quarrie, Merlene Ottey, Grace Jackson, Lorraine Fenton, Veronica Campbell, Danny McFarlane und Asafa Powell machen das große Potenzial des kleinen Inselstaates deutlich. Hinzu kommen Weltklassesprinter wie Linford Christie, Colin Jackson und Donovan Bailey, die unter fremder Flagge Sportkarriere machten.

Auch beim **Boxen** haben sich Jamaikaner hervorgetan wie die ebenfalls emigrierten Weltmeister Trevor Berbick (Kanada), Lennox Lewis (GB) und Michael McCallum (USA) belegen.

Der **Leistungssport** wird in Jamaika staatlich gefördert. Viele Schulen verfügen über gute Trainingseinrichtungen. Durchaus verständlich also, dass sogar Talent-Scouts von US-amerikanischen Highschools hier auftauchen.

Und es gibt viele Überraschungen: Einen sensationellen Auftritt hatten jamaikanische Sportler bei den **Bobrennen** während der Olympischen Winterspiele 1988 in Calgary. Gerade hatte sich die Welt an den Anblick tropischer Rennbobs in den Eiskanälen gewöhnt, da gelang den **Reggae Boyz**, der erst kurz zuvor formierten Nationalmannschaft, die Qualifikation zur Fußball-WM 1998 in Frankreich. Doch rekordverdächtig sind vor allem die Athleten. Bei der Olympiade in Athen 2004 holten sie zwei Gold-, eine Silber- und zwei Bronzemedaillen. Nach ihrem Sieg über 200 m gewann **Veronica Campbell** bei der 4 x 100 m Staffel im Team mit Aleen Bailey, Tanya Lawrence und Sherone Simpson erneut Gold. Inzwischen ist auch der schnellste Mann der Welt Jamaikaner: **Asafa Powell** brach 2005 den Weltrekord über 100 m mit 9,77 Sek. und wurde 2006 von der IAAF zum Sportler des Jahres ernannt. Wen wundert es da noch, dass Jamaika nach Einwohneranteil berechnet die erfolgreichste Athleten-Nation der Welt ist?

len Strand der *Half Moon Bay Beach*. Durstige können sich an die Hurricane Bar zurückziehen, die stets gekühlte Drinks bereithält. 3 km weiter, an einem grauweißen Küstensaum, sprudeln die heißen Mineralquellen von *Rhodes Mineral Springs*, und die nahe gelegenen Beach Bars sorgen für innere Erwärmung. Bald ist dann der kleine Hafen **Green Island** in seiner tiefen Bucht mit einigen Jerk-Ständen erreicht. Morgens und nachmittags bevölkern hier Schülerinnen und Schüler der örtlichen Realschule in ihren Uniformen die Straßen.

54 Lucea

Stiller Hafen der Kolonialzeit – mit preußischer Pickelhaube.

In dem zur Kolonialzeit geschäftigen *Hafen* für den Zucker- und Melasseexport dümpeln heute nur noch einige Fischerboote. Der zentrale Platz von Lucea (A1, 40 km von Negril) trägt den Namen von **Alexander Bustamante**, dem Begründer der Jamaica Labour Party und erstem Regierungschef des unabhängigen Jamaika. ›Chief Busta‹, der 1884 im nahen Dorf *Blenheim* geboren wurde, ist einer der Nationalhelden des Landes.

An die Blütezeit von Lucea erinnert das im georgianischen Stil erbaute **Courthouse** am Bustamante Square. Auf dem aus Stein gemauerten Parterre mit Arkadengang ist ein holzgeschnitztes Obergeschoss gesetzt, Sonnenblenden zieren die Fenster. Ein *Uhrturm* (1817), dessen Dach an eine preußische Pickelhaube erinnert, krönt den Bau. Die große Uhr mit vier Ziffernblättern war eigentlich für die südliche Karibikinsel St. Lucia bestimmt und nur irrtümlich nach Lucea verschifft worden. Die Honoratioren des Ortes fanden jedoch Gefallen an dem Irrtum, und der preußische Uhrturm konnte dank der Spende eines deutschstämmigen Plantagenbesitzers erworben werden.

Fisch auf Rädern in Green Island – die Diskussion über Gewicht und Qualität der Beute zieht sich meist länger hin

Dem wachsamen Gesetzeshüter von Lucea entgeht selbst das Auge einer Kamera nicht

Wann das nach Charlotte von Mecklenburg, der Frau des britischen Königs Georg III., benannte **Fort Charlotte** am Lucea Harbour errichtet wurde, ist ungewiss. Doch in der Offiziersmesse dieser Festung lernte *Captain William Bligh* den jungen Fletcher Christian kennen und heuerte ihn für die verhängnisvolle Fahrt der ›*HMS Bounty*‹ 1787 an [s. S. 57]. Die Kasematten des Forts dienten früher als Verlies für rebellische Sklaven. Es blieben nichts als Ruinen und alte Kanonen, die auf die Einfahrt der Bucht zielen.

Das kleine **Hanover Museum** (Tel. 876-956-25 84, Mo–Fr 10.30–16 Uhr) ist in einem früheren Kasernengebäude untergebracht, von dem man auf den *Watson Taylor Beach* blickt. Die Sammlung birgt Gebrauchsgegenstände aus der Kolonialzeit, darunter Gewichte und Maße, eine von Captain Bligh gezeichnete Karte des Hafens von Lucea sowie Funde aus Siedlungen und Gräbern der Arawak.

Zur Wintersaison 2007/2008 werden bei Lucea zwei luxuriöse *Grand Palladium Resorts* mit 1600 Zimmern eröffnet.

CEDAR VALLEY KINGSTON
TATA

Jamaica

JAMAICA

Jamaika aktuell A bis Z

Vor Reiseantritt

ADAC Info-Service:
Tel. 018 05/10 11 12, Fax 018 05/30 29 28 (0,14 €/Min.)

ADAC im Internet:
www.adac.de
www.adac.de/reisefuehrer

Jamaika im Internet:
www.visitjamaica.com

Informationen sind erhältlich beim Jamaikanischen Fremdenverkehrsamt, das für Deutschland, Österreich und die Schweiz zuständig ist:

Jamaica Tourist Board (JTB), Fast-Forward-Marketing, Schwarzbachstr. 32, 40822 Mettmann, Tel. 021 04/83 29 74, Fax 021 04/91 26 73

Deutschland
Botschaft von Jamaika, Schmargendorfer Str. 32, 12159 Berlin, Tel. 030/85 99 45 11, Fax 030/85 99 45 40, www.jamador.de

Schweiz
Botschaftskanzlei von Jamaika, Rue de Lausanne 36, 1201 Genf, Tel. 02 29 08 07 60, Fax 02 27 38 44 20, mission.jamaica@ties.itu.int.
Auch für Österreich zuständig.

Allgemeine Informationen

Reisedokumente

Für einen Aufenthalt von bis zu drei Monaten benötigt man einen gültigen Reisepass (noch mind. 6 Monate gültig) sowie ein Rück- oder Weiterflugticket. Kinder benötigen einen Kinderausweis. Auf Anfrage muss man ausreichende Geldmittel (bzw. Kreditkarte) für den geplanten Aufenthalt vorweisen können.

Kfz-Papiere

Es genügt der Nationale Führerschein, zusätzlich wird der Internationale Führerschein empfohlen.

Krankenversicherung und Impfungen

Der Abschluss einer privaten *Auslandsreisekranken- und Rückholversicherung* mit uneingeschränkter Kostenübernahme wird dringend empfohlen. Für Jamaika sind *keine Impfungen* vorgeschrieben, es sei denn, Reisende haben sich zuvor in einem Infektionsgebiet (z. B. Gelbfieber) aufgehalten.

Zollbestimmungen

Bei der *Einreise* nach Jamaika sind pro Person (ab 18 Jahren) 200 Zigaretten, 1 l alkoholische Getränke (kein Rum!) sowie 157 ml Parfüm und 340 ml Eau de Toilette zollfrei. Die Einfuhr von frischen Lebensmitteln und Waffen ist nicht erlaubt. Bei der *Ausreise* in ein Land der EU sind pro Person Mitbringsel bis zu einem Wert von 175 € zollfrei, dazu 1 l Spirituosen mit mehr oder 2 l mit weniger als 22% Alkohol, 500 g Kaffee, 200 Zigaretten bzw. 100 Zigarillos, 50 Zigarren oder 250 g Tabak.

Geld

Landeswährung ist der *Jamaican Dollar* (J$), unterteilt in 100 Cents (c). Es sind Banknoten in folgender Stückelung im Umlauf: 1000, 500, 100, 50 J$. Außerdem gibt es Münzen zu 20, 10, 5, 1 J$, 50 c, 25 c. Die Ein- und Ausfuhr von J$ ist nicht erlaubt.

Der *US-Dollar* (US$) ist in Jamaika inoffizielle Zweitwährung und wird bei vielen Geldgeschäften bevorzugt. Es empfiehlt sich, US$ in bar (in kleinerer Stückelung) mitzunehmen. Zuweilen wird auch der Euro akzeptiert. Die gängigen *Kreditkarten* (VISA, Mastercard) werden fast über-

◁ **Oben:** *Schneckemtempo – eine Fahrt mit dem Country Bus ist echt authentisch. Die Welt vergessen – mit kühlen Drinks lockt Jake's Bar in Treasure Beach*
Mitte: *Kommt ein Vogel geflogen – Air Jamaica im Anflug auf Montego Bay*
Unten: *Feuriges Versprechen – Peppered Shrimps verkauft die Lady bei Middle Quarters. Augenweiden – jamaikanische Souvenirornamentik*

all akzeptiert. Banken tauschen Fremdwährungen und Reisecheques in J$. Mit Kreditkarte (und PIN) kann man an den Geldautomaten der Banken Bargeld in J$ oder US$ abheben. Alle Umtauschquittungen sind bis zur Ausreise aufzubewahren.

Steuern

Eine allgemeine Verbrauchssteuer, *General Consumption Tax (GCT)*, von 16,5 % wird auf die meisten im Lande erworbenen Waren und in Anspruch genommenen Dienstleistungen erhoben.

Tourismusämter im Land

Tourismusbüros des JTB sind im Haupttext unter *Praktische Hinweise* genannt.

Jamaica Tourist Board, Cornwall Beach, Montego Bay, Tel. 876-952-44 25, Fax 876-952-35 87

Jamaica Tourist Board, 64 Knutsford Blvd., Kingston, Tel. 876-929-92 00, Fax 876-929-93 75

Notrufnummern

Polizei, Luftrettung: Tel. 119

Ambulanz, Feuerwehr: Tel. 110

Tauchunfälle: St. Ann's Bay Hospital, Tel. 876-972-22 72

ADAC Notrufzentrale München: Tel. 011 49/89/22 22 22 (24 Std.)

ADAC Ambulanzdienst München: Tel. 011 49/89/76 76 76 (24 Std.)

Österreichischer Automobil Motorrad und Touring Club
ÖAMTC Schutzbrief-Nothilfe: Tel. 011 43/(0)1/251 20 00

Touring Club Schweiz
TCS Zentrale Hilfsstelle: Tel. 011 41/(0) 224 17 22 20

Auf Jamaika gibt es keinen *Straßenhilfsdienst*, große Mietwagenfirmen unterhalten jedoch 24-Std.-Telefondienste für Notfälle. Bei Unfällen sollte man auf jeden Fall die Polizei rufen.

Diplomatische Vertretungen

Botschaft der Bundesrepublik Deutschland, 10 Waterloo Rd., Kingston, Tel. 876-926-67 28, Fax 876-929-82 82, www.kingston.diplo.de

Honorarkonsulat der Republik Österreich, c/o Half Moon Club, Rose Hall, Montego Bay, Tel. 876-953-24 90, Fax 876-953-94 96, andrea@halfmoonclub.com

Generalkonsulat der Schweiz, c/o Swiss Stores Ltd., 107 Harbour St., Kingston, Tel. 876-922-80 51, Fax 876-922-84 03, swissco@maierinfochan.com

Besondere Verkehrsbestimmungen

In Jamaika herrscht Linksverkehr. Höchstgeschwindigkeiten sind innerorts 30 mph (50 km/h) und 50 mph (80 km/h) außerhalb von Ortschaften.

Gesundheit

Die größte Gefahr für die Gesundheit besteht darin, die *Sonneneinstrahlung* zu unterschätzen. Eine Kopfbedeckung sowie Sonnenmilch mit hohem Schutzfaktor sind dringend anzuraten. Schmerz- oder Erkältungsmittel kann man auch in *Drugstores* kaufen. An der Hotelrezeption erfährt man die Adressen der ansässigen *Ärzte*. Das Risiko einer Infektion mit Erregern von Geschlechtskrankheiten oder mit dem HIV-Virus bei ungeschütztem Geschlechtsverkehr mahnt auch in Jamaika zu Schutzmaßnahmen.

Apotheken

City Plaza Pharmacy, City Centre Plaza, Port Antonio, Tel. 876-993-26 20

Fontana Pharmacy, Fairview Shopping Centre, Bogue, Montego Bay, Tel. 876-952-38 66

Moodies Pharmacy, 30 Dominica Dr., Kingston, Tel. 876-929-41 74

Negril Pharmacy, 14 Coral Seas Plaza, Negril, Tel. 876-957-40 76

Ocho Rios Pharmacy, Ocean Village Plaza, Ocho Rios, Tel. 876-974-23 98

Krankenhäuser

Andrews Memorial Hospital, 27 Hope Rd., Kingston, Tel. 876-927-16 20

Cornwall Regional Hospital, Mount Salem Rd., Montego Bay, Tel. 876-952-51 00

Port Antonio Hospital, Nuttall Rd., Naylors Hill, Port Antonio, Tel. 876-9 93-26 46

St. Ann's Bay Hospital, St. Ann's Bay, Tel. 876-972-22 72

Maße und Gewichte

Die Maßeinheiten wurden Ende des 20. Jh. vom britischen auf das metrische System umgestellt. Gleichwohl sind in Jamaika heute die alten Angaben immer noch gebräuchlich.

1 inch (in)	= 2,54 cm
1 foot (ft)	= 30,48 cm
1 yard (yd)	= 91,44 cm
1 mile (mi)	= 1,609 km
1 ounce (oz)	= 28,35 g
1 pound (lb)	= 453,59 g
1 fluid ounce (fl oz)	= 29,57 ml
1 pint (pt)	= 0,47 l
1 quart (qt)	= 0,95 l
1 gallon (gal)	= 3,79 l

Sicherheit

Auch in Jamaika sollten Touristen auf ihre Habseligkeiten achten und Wertsachen im Hotelsafe aufbewahren. Einsame und nachts schlecht beleuchtete Straßen sollte man meiden, und sich spätabends bevorzugt per offiziellem Taxi fortbewegen. Die Dienste von hartnäckigen Straßenhändlern, Fremdenführern etc. sollte man bei Nichtinteresse höflich aber bestimmt ablehnen. Die Ghettos von Kingston oder Montego Bay sind keine Gegenden für Sightseeing auf eigene Faust.

Stromspannung

In Jamaika beträgt die Stromspannung 110 Volt/50 Hertz Wechselstrom. Einige Hotels verfügen auch über 220 Volt/50 Hertz. Die Steckdosen sind passend für nordamerikanische Blattstecker.

Zeit

Jamaika liegt in der Zeitzone der *Eastern Standard Time* (MEZ minus 6 Std., im Sommer minus 7 Std.).

Anreise

Flugzeug

Der **Donald Sangster International Airport** (Montego Bay, Tel. 876-952-27 12, www.mbjairport.com) ist der Flughafen für die großen Touristenzentren MoBay, Negril, Runaway Bay und Ocho Rios. Hier landen auch alle *Charterflüge*. Vom **Norman Manley International Airport** (Palisadoes, Kingston, Tel. 876-924-84 52, www.manley-airport.com.jm) sind auch Port Antonio und Treasure Beach gut zu erreichen.

Condor (www.condor.com) fliegt von Frankfurt nach Montego Bay, mit Zubringern ab Flughäfen in Deutschland und Österreich. Nach Montego Bay fliegen auch *LTU* (www.ltu.de) ab Düsseldorf und *Martinair* (www.martinair.de) ab Amsterdam. Von London starten *Air Jamaica* (www.airjamaica.com) und *British Airways* (www.ba.com) nach Jamaika. Die Flugzeit beträgt ca. 10–12 Std.

Bei der Ausreise ist am Airport eine *Departure Tax* von zzt. 16 US$ pro Person fällig. Bei vielen Flugtickets ist diese Gebühr jedoch schon inbegriffen.

Schiff

Montego Bay, Ocho Rios und Port Antonio liegen auf der Route vieler Kreuzfahrtschiffe. Von Miami und Fort Lauderdale starten die meisten der Rundfahrten von Carnival Cruise Line, Royal Caribbean Cruises, Celebrity Cruises etc. Eine Reihe von ihnen lassen sich auch über deutsche Reiseveranstalter buchen.

Bank, Post, Telefon

Bank

Öffnungszeiten: Mo–Fr 9–14/16 Uhr

Die meisten Banken haben Exchange-Schalter für den Umtausch von Fremdwährungen. Hier kann man auch mit Kreditkarte und unter Vorlage des Reisepasses Bargeld in J$ oder US$ abheben.

Post

Öffnungszeiten: Mo–Fr 9–17 Uhr

Postämter gibt es in den Ortszentren. Eine Postkarte frankiert man mit 50 J$, einen Luftpostbrief mit 70 J$. Die Zustellung nach Europa dauert 2–4 Wochen.

Telefon

Internationale Vorwahlen
Jamaika 001 876
Deutschland 011 49
Österreich 011 43
Schweiz 011 41

Die in Europa üblichen Mobiltelefone funktionieren auch in Jamaika. Informationen zum *International Roaming* gibt der Netzbetreiber. Telefonkarten (*Prepaid phone cards*) fürs Festnetz und/oder Mobiltelefon (*Cellular phone*) kann man in vielen Geschäften erwerben. Sie gelten auch für Auslandsgespräche. Wer häufiger telefoniert, kann sich eine SIM Card kaufen und nach Bedarf mit Gebühren aufladen. Am teuersten sind die Telefongebühren im Hotel.

Einkaufen

Überall in Jamaika gibt es Straßenstände mit Souvenirs für jeden Geschmack, vor allem eine Fülle von Schnitzereien und geflochtener Gebrauchskunst. In Montego Bay, Negril, Ocho Rios und Kingston verkaufen Händler und Kunsthandwerker ihre Produkte auf dem **Craft Market**. Hier kann man neben Korbwaren auch T-Shirts und Gemälde mit jamaikanischen Motiven, gebatikte Hemden oder Kleider kaufen. Das Feilschen um Preise gehört zum Einkaufsvergnügen. Lassen Sie sich jedoch nicht verführen, Schwarze Koralle (*Black Coral*) oder Schmuckstücke aus Schildkrötenpanzer (*Tortoise Shell*) zu kaufen, denn diese Lebewesen stehen unter strengem Artenschutz und der Erwerb solcher Produkte ist strafbar.

Das Geschäft **Things Jamaican** (Devon House, 26 Hope Rd., Kingston) mit Filialen an den Flughäfen von Kingston und Montego Bay und an der Marina von Port Antonio präsentiert qualitätvolles Kunsthandwerk. Bemalte Keramik, Vasen, Skulpturen und Geschirr bietet **Wassi Art Pottery Works** in Ocho Rios und im Devon House, Kingston [s. S. 50, 76]. Farbenfrohe Gürtel, Hüte sowie andere Kunstobjekte der *Rastafari* kann man in vielen Boutiquen erwerben. Das **Bob Marley Museum** (56 Hope Rd., Kingston) zeigt eine interessante Auswahl, darunter Bob-Marley-Mode und -Schuhe. Reggae Design bieten auch **Reggae Experience & Theatre** (Rose Hall, bei MoBay, s. S. 32) und der Shop des Museums **Reggae XPlosion** im Island Village [s. S. 46] von Ocho Rios.

Vor allem im Zentrum von MoBay und Ocho Rios sowie in den Abfertigungshallen der Airports locken zahlreiche **Duty Free Shops** mit Preisabschlägen für Uhren, Parfüm, Gold und Diamanten.

In den jamaikanischen **Record Shops** (s. *Praktische Hinweise* im Haupttext) findet man eine große Auswahl von Reggae Klassikern und Dancehall CDs. Doch auch nach der Heimkehr kann man sich mit Originalmusik aus Jamaica bei Laune halten: Das britische Label **Greensleeves Records** (Unit 14 Metro Centre, St. Johns Road, Isleworth, www.greensleeves.net) besteht seit 1977 und hat große Stars wie Shaggy und Beenie Man entdeckt. Greensleeves Records gibt u. a. die *Rhythm Album Serie* heraus, CDs oder LPs mit brandneuen Dancehall-Produktionen direkt aus den jamaikanischen Studios. Man kann bequem per Internet bestellen und erhält die Lieferung innerhalb weniger Tage. Der Greensleeves Mail Order Shop (Tel. 00 44/(0)208/7 58 23 01) bietet auch die Produkte anderer Reggae Labels an, z. B. VP Records (www.vprecords.com) in New York, die Berühmtheiten wie Sean Paul und Elephant Man unter Vertrag haben.

Berauschend wie die Musik sind weißer Overproof und goldbrauner **Jamaica Rum** sowie Rumlikör der Marken *Wray & Nephew* und *Appleton*. Jamaica Rum zählt schließlich zu den Besten der Welt. Gleiches gilt auch für den **Blue Mountain Coffee**. Die hochwertigen Bohnen sind auch in ihrem Herkunftsland recht teuer (etwa 10 US$ pro 500 g), doch ein wohlschmeckendes Mitbringsel.

Auch die scharfen **Saucen**, mit denen die Speisen auf den Jerk Grills gewürzt werden, sind beliebte Souvenirs. Außer den Essenzen, die an Jerk Centres in Flaschen abgefüllt verkauft werden, sind auch die Markenprodukte von *Pickapeppa* oder *Busha Browne's* zu empfehlen.

Der Mann hat Geschmack – die Farben Jamaikas tragen sein Shop und er, und ein Red Stripe Beer rundet die Sache ab

Essen und Trinken

Die jamaikanische Küche ist von unterschiedlichen Kulturen geprägt, von englischen Einflüssen und indischen Gewürzen, vor allem aber von den verschiedenen Kochtraditionen Westafrikas. Die wahrhaft authentischen Genüsse findet man direkt an der Quelle, in einfachen jamaikanischen Lokalen oder sogar an einem der Straßenstände, wo in ausgedienten Ölfässern herrliches Jerk Chicken gegrillt oder Yam geröstet wird. Doch

Ackee, Bammy, Callaloo – das ABC der jamaikanischen Küche

Ohne ein Frühstück aus **Ackee and Saltfish** kann kein Jamaikaner lange leben. Das Fleisch der gelben Ackee-Frucht wird zunächst gekocht und dann mit Zwiebeln, Scotch Bonnet Pepper und Stockfisch in der Pfanne gewendet. Das köstliche Ergebnis ähnelt von Aussehen und Geschmack dem Rührei. **Callaloo** gehört zu den beliebtesten Gemüsesorten, schmeckt entfernt wie Spinat und wird ebenfalls zum Frühstück serviert. Gebratene **Plantains** oder Kochbananen und **Johnny Cakes** (*Fried Dumplings*) aus Maismehl runden das Frühstücksmenü ab.

Jerk Food gibt es erst zum Lunch oder Abendessen: Schweinefleisch, Huhn oder Fisch werden mit einer scharfen Würzmischung eingerieben und über Pimentoholz gegrillt. **Jerk Pork** gilt als Erfindung der Maroons, die in den Bergwäldern erjagte Wildschweine schon im 17. Jh. auf diese pikante Art zubereiteten. Wird Fisch nach portugiesischer Art in Essig, Zwiebeln und Chilischoten eingelegt und nachher gebraten, heißt er **Escoveitched Fish**. Red Snapper, Grouper und Goldmakrele gehören zu den häufig zubereiteten Fischarten. Hummer, Garnelen und das feste Fleisch der Conch (Meeresschnecke) werden in der Wintersaison als kulinarische Leckerbissen serviert. Doch auch für **Fried Fish and Bammy**, gebratenen Fisch mit Cassava-Fladen oder **Festival**, einem leicht süßen Gebäck, gehen Jamaikaner meilenweit.

Curried Goat, in Currysauce serviertes Frikassee von der jungen Ziege, ist eine weitere beliebte Spezialität. Curry wurde übrigens von den im 19. Jh. eingewanderten Indern auf die Insel gebracht. Zu den meisten Gerichten werden **Rice and Peas** (Reis und Kidney-Bohnen), mit verschiedenen Gewürzen in Kokosmilch gekocht, als Beilage serviert. **Pepperpot Soup** ist ohne Zweifel die beliebteste Suppe in Jamaika. Wieder spielt Callaloo, diesmal gekocht und feingewiegt, die Hauptrolle bei der Zubereitung, dazu kommen Okra-Gemüse, verschiedene Gewürze und je nach Geschmacksrichtung Rindfleisch oder Schweinefleisch. Gar nicht wie Tee schmeckt der ebenfalls köstliche **Fish Tea**, eine Suppe aus frischem Fisch, Yam, *Boiled Dumplings* und Gemüse.

Für Vegetarier ist Jamaika geradezu ein Paradies. Die Rastafari nennen ihre fleischlosen Reis- und Gemüsegerichte **Ital Food**. Die vielerorts vorhandenen Ital Restaurants servieren folglich fantasievolle köstliche Speisekreationen.

Rot, grün und gelb ist die jamaikanische Küche: Ackee, Plantains, Dumplings und Callaloo (Astra Country Inn, Mandeville)

auch viele Hotels haben inseltypische Spezialitäten auf ihren Speisekarten.

Backwaren und Früchte

Wer einen kleinen Imbiss zu sich nehmen möchte, findet in Bäckereien und Snack Shops **Cocobread** und **Patties**, jene warmen, mit allerlei leckerem Fleisch, Fisch oder Gemüse gefüllten Teigtaschen, außerdem **Dunkanoo**, eine gebackene, in ein Bananenblatt gefüllte Masse aus Mehl, Zucker und Muskat. Als wahres Fest für die Augen und den Gaumen präsentieren sich die tropischen **Früchte**, neben vielen Bananensorten auch Mangos, Papayas, Guavas, Ananas, rotschalige Otaheiti-Äpfel, die auf Jamaika aus Orangen und Mandarinen gezüchtete Ortanique und eine *Ugli Fruit* (›hässliche Frucht‹) genannte, absonderlich aussehende aber saftig-süß schmeckende Grapefruit. Sapodilla, Sweetsop und Soursop werden bevorzugt zu Saft verarbeitet und können auch Bestandteil gehaltvoller Rumcocktails sein.

Flüssige Genüsse

Rum, einst Nebenprodukt bei der Zuckerproduktion, wird in vielen winzigen *Rum Shop* genannten Bars an der Straße ausgeschenkt, häufig als weißer *Overproof* von 64 % Alkohohlgehalt, den die Jamaikaner mit Wasser oder Milch verdünnen. Außerdem gibt es den in Eichenfässern gelagerten, goldbraunen Rum. Und niemand kann die köstlichen *Rumcocktails* zählen, die auf der Insel täglich kreiert werden. Auf der Fahrt durch das Land sieht man häufig am Straßenrand Stände mit grünen **Kokosnüssen** (*Jelly Coconut*). Der Verkäufer schlägt mit einer Machete (*Cutlass*) die Spitze der Nuss ab, sodass man die kühle, klare Flüssigkeit aus dem Inneren genießen kann. Einige weitere Machetenhiebe und das köstliche, geleeartige Fleisch ist freigelegt und kann herausgelöffelt werden. Als hervorragender Durstlöscher hat sich auch das jamaikanische **Red Stripe Beer** bewährt, das seinen Markennamen von dem breiten roten Seitenstreifen an der Uniformhosen der Polizei herleitet. Der jamaikanische Kaffee gehört zu den teuersten Sorten der Welt. Dies trifft zumindest auf den exklusiven **Blue Mountain Coffee** zu, aber auch Marken wie Mountain Blend, Low Mountain oder High Mountain Coffee können sich schmecken lassen. Wer gerne **Tee** trinkt, muss auch in Jamaika nicht darauf verzichten. Es empfiehlt sich jedoch, die Bestellung zu präzisieren, da eine Menge heißer Getränke und Gerichte *Tea* genannt werden, wie z. B. die bereits erwähnte Fischsuppe. – Das Leitungswasser hat hervorragende Trinkqualität.

Trinkgeld

In manchen Restaurants sind bereits 10 % *Tip* (Trinkgeld) in der Rechnung enthalten, ansonsten werden bei gutem Service in der Regel Trinkgelder von 10–20 % gezahlt. Auch andere Dienstleistungen rund um den Tourismus sollten mit einem Tip honoriert werden.

Feste und Feiern

Feiertage

1. Jan. (*New Year's Day*), *Ash Wednesday* (Aschermittwoch), *Good Friday* (Karfreitag), *Easter Monday* (Ostermontag), 23. Mai (*Labour Day*, Tag der Arbeit), 1. Mo im Aug. (*National Emancipation Day*, Tag der Befreiung), 6. Aug. (*National Independence Day*, Unabhängigkeitstag), 3. Mo im Okt. (*National Heroes' Day*, Tag der Nationalhelden, 25. Dez. (*Christmas Day*), 26. Dez. (*Boxing Day*).

Blaue Welle – der Karneval in Kingston ist auch bei Kindern beliebt

Feste

Januar

Accompong: *Accompong Maroon Festival* (6. Januar), Umzüge und Tänze im Gedenken an den Friedensschluss mit den Briten nach dem Ersten Maroon-Krieg 1739 (Tel. 876-952-45 46).

Februar

Montego Bay: *Horse Show and Polo Tournament*, Pferdeshow und Polo an den Rocky Point Stables, Half Moon Club.

Montego Bay: *Pineapple Cup Montego Bay Yacht Race*, Montego Bay Yacht Club. Rennen der Segeljachten von Fort Lauderdale bis Montego Bay (2009, 2011..., www.montegobayrace.com).

Chukka Cove: *Chukka Cove Appleton Polo Tournament*, im Polo Club bei St. Ann's Bay treten internationale Teams an.

März/April

Montego Bay, Negril: *Spring Break*, Studenten aus den USA suchen während der Semesterferien die Insel heim und feiern ohne Unterlass mit Partys, Livemusik, Sportwettkämpfen etc. (www.visitjamaica.com).

Montego Bay: *Montego Bay Yacht Club Easter Regatta*, viertägiger Segelwettbewerb um Ostern (Tel. 876-979-80 38).

April

Kingston, Ocho Rios, Montego Bay: *Jamaica Carnival*, mehrtägiges Festival mit Kostümparaden, Straßenfesten und Livemusik (www.jamaicacarnival.com).

Juni

Kingston: *Caribbean Fashion Week*, Modenschauen von über 50 Designern aus 20 Ländern der Welt (www.caribbeanfashionweek.com).

Juli

Boston Bay: *Portland Jerk Festival*, großes Grillfest mit Unterhaltung für die ganze Familie nahe Port Antonio (Tel. 876-715-65 53).

August

Kingston: *National Float Parade and Gala* (6. Aug.), Feiern zum Independence Day mit einem Umzug der Musikbands und Tanzgruppen (www.jcdc.org.jm).

September

Kingston: *Miss Jamaica World Beauty Pageant/Grand Coronation*, der Schönheitswettbewerb gilt als ein großes gesellschaftliches Ereignis (www.missjamaicaworld.com).

Montego Bay, Port Antonio: *International Marlin Tournaments*, Sportangler machen Jagd auf große Fische (Tel. 876-927-01 45, www.igfatournaments.com).

November

Montego Bay: *Pro-Am Golf Tournament*, The White Witch und Cinnamon Hill Golf Courses (www.jamgolfassociation.com).

Montego Bay: *Jam-Am Cup Yacht Race*, Segelregatta von Miami nach MoBay.

Dezember

Negril: *Reggae Marathon and Half Marathon*, Laufwettbewerb mit Musik, Events und kulinarischen Genüssen (Tel. 876-922-86 77, www.reggaemarathon.com).

Klima und Reisezeit

Jamaika verfügt über ein recht ausgeglichenes Klima ohne große Temperaturschwankungen. An den Küsten wird es am Tage zwischen 22 °C und 31 °C warm. Passatwinde wehen als leichte Brise von See her und machen die Luftfeuchtigkeit erträglich. Etwa von August bis November kann es zu tropischen *Wirbelstürmen* kommen, die allerdings eher selten als Hurrikans auf Jamaika treffen. Während der *feuchteren* Jahreszeiten im Mai/Juni sowie zwischen September und Januar kommt es regelmäßig zu tropischen Regenschauern, die jedoch bald wieder von Sonnenschein abgelöst werden. Im Portland Parish um *Port Antonio* regnet es im Jahresverlauf am meisten, im Westmoreland Parish um *Savanna-la-Mar* werden die geringsten Niederschläge verzeichnet. In den Bergen kann es abends erstaunlich kühl werden (bis zu 4 °C).

Die Formel für die Umrechnung der Temperatur von Fahrenheit (°F) in Celsius (°C) lautet: °C = (°F-32) x $^5/_9$

Celsius	15°	20°	25°	30°	35°	40°
Fahrenheit	59°	68°	77°	86°	95°	104°

Klimadaten Montego Bay

Monat	Luft (°C) min./max.	Wasser (°C)	Sonnen-std./Tag	Regen-tage
Januar	22/28	26	7	11
Februar	22/28	26	8	9
März	23/29	26	8	7
April	23/29	27	8	7
Mai	24/30	27	8	12
Juni	25/31	28	8	11
Juli	25/31	28	8	8
August	25/31	29	8	10
September	25/31	28	7	14
Oktober	24/30	28	7	14
November	24/29	27	7	13
Dezember	23/28	27	7	11

Kultur live

Die Theater in *Kingston* geben mit der National Pantomime, dem National Dance Theatre, dem National Choir oder den Jamaica Folk Singers ebenso Einblick in das Kulturleben wie die Musik Festivals der Reggae und Dancehall Stars – in Jamaika übrigens *Artists* genannt – oder internationaler Jazz Bands (Infos beim JTB oder www.whatsonjamaica.com).

Januar

Port Kaiser: *Rebel Salute*, Roots Reggae Festival an der Süküste bei Alligator Pond (Tel. 876-934-08 27, www.tonyrebel.com).

Montego Bay: *Air Jamaica Jazz & Blues Festival* auf dem Cinnamon Hill Golf Course mit internationalen Stars verschiedener Musikrichtungen (www.airjamaicajazzandblues.com).

Februar

Jamaika: *Bob Marley Celebrations* (6. Febr.), mehrtägiges Kulturprogramm anlässlich des Geburtstags von Bob Marley (www.bobmarley-foundation.com).

Nature's Way, Portland: *Fi Wi Sinting*, Festival rund um das afrikanische Kulturerbe Jamaikas mit Musik, Tanz, Gesang und Markt (Tel. 876-715-35 29, www.fiwisinting.com).

April

Treasure Beach: *Calabash International Literary Fest*, Literaturfest der Dichter und Autoren plus Livemusik (Tel. 876-965-30 00, www.calabashfestival.com).

Juni

Ocho Rios: *Ocho Rios Jazz Festival*, das bedeutendste Jazz-Ereignis Jamaikas mit Spitzenmusikern aus aller Welt (Tel. 876-927-35 44, www.ochoriosjazz.com).

Juli

Montego Bay: *Reggae Sumfest*, hochkarätiger Konzertmarathon (6–9 Tage) mit brandaktueller Reggae und Dancehall Music (www.reggaesumfest.com).

Juli/Aug.

Kingston: *National Dance Theatre Company*, Sommersaison der Tanztruppe im Little Theatre (Tel. 876-926-61 29).

November

Montego Bay: *Jamerican Film and Music Festival*, Kulturfestival mit Stars aus der Karibik und den Amerikas (www.jamericanfilmfest.com).

Dezember

Kingston: *National Pantomime* (Dez.–April), das Musical voller aktueller Anspielungen auf Politik und Alltagsleben eröffnet seine Saison im Little Theatre (Tel. 876-926-61 29).

Jamaika: *Christmas and New Years Bash*, von der Vorweihnachtszeit bis Neujahr finden überall Shows mit den Stars der jamaikanischen Musikszene statt.

Nachtleben

Die Jamaikaner machen zu jeder sich bietenden Gelegenheit die Nacht zum Tage, und selbst auf dem Land gibt es zahlreiche Bars, Discos und *Dances* mit viel Musik und den angesagtesten DJs (s. *Praktische Hinweise* und www.whatsonjamaica.com). Mithilfe der *Sound Systems* werden auch Straßen zu Schauplätzen nächtlicher Fêten. Den Urlaubern präsentieren größere Hotels Abende mit Musik-, Tanz- und Folkloregruppen.

Let Jah light shine – die Band ›Morgan Heritage‹ beim Reggae Sumfest

Sport

Baden

Die Strände und Buchten Jamaikas sind zum Schwimmen und Baden in der Regel gut geeignet. Hoher Wellengang mit Unterströmungen kommt am ehesten an der Südküste bei Treasure Beach und im Nordosten der Insel bei Long Bay vor.

Golf

Jamaika verfügt über Spitzen-Golfplätze mit landschaftlichen Reizen und sportlichen Herausforderungen (Tel. 876-906-76 36, www.jamgolfassociation.com). Die Nr. 1 ist **The White Witch** (Tel. 876-518-01 74), der von Stardesigner Robert van Haage gestaltete Green des Ritz-Carlton Rose Hall bei MoBay.

Kingston: *Cable & Wireless National Golf Academy*, New Kingston, beim Emancipation Park, Tel. 876-908-47 83, Driving Range; *Caymanas Golf and Country Club*, Caymanas Estate, 15 km westl. von Kingston, Tel. 876-922-33 88, www.caymanasgolfclub.com, 1957 eröffneter 18-Loch-Platz in schöner Landschaft; *Constant Spring Golf Club*, Constant Spring Rd., Kingston, Tel. 876-924-16 10, seit 1920 bestehender reizvoll gelegener Platz.

Mandeville: *The Manchester Golf Club*, Caledonia Rd., Mandeville, Tel. 876-962-24 03, der älteste Golfplatz der Insel ist eine 9-Loch-Anlage, die auch als 18-Loch-Kurs gespielt werden kann.

Montego Bay: *Cinnamon Hill Golf Club*, Wyndham Rose Hall Resort, Rose Hall, Tel. 876-953-26 50, www.wyndham.com, 18-Loch-Platz mit spektakulären Fairways und Greens; *Half Moon Golf Club*, Half

Moon Club Resort, Rose Hall, Tel. 876-953-25 60, www.halfmoon-resort.com, von Robert Trent Jones entworfener 18-Loch-Spitzenplatz; *SuperClubs Ironshore Golf & Country Club*, Ironshore, 5 km östl., Tel. 876-953-36 81, www.superclubs.com, gute 18-Loch-Anlage. *Tryall Club*, Tryall Club Hotel, Sandy Bay, 24 km südwestl., Tel. 876-956-56 60, www.tryallclub.com, 18-Loch-Kurs auf einer ehem. Plantage.

Negril: *Negril Hills Golf Club*, Sheffield Rd., östl. von Negril, Tel. 876-957-46 38, 18-Loch-Anlage in den Hügeln.

Ocho Rios: *Sandals Golf & Country Club*, 3 km östlich, Tel. 876-975-01 19, www.sandals.com. 18-Loch-Platz mit Meerblick.

Port Antonio: *San San Golf and Country Club*, San San Bay, Tel. 876-993-76 44, 9-Loch-Anlage, die auch als 18-Loch-Anlage gespielt werden kann.

Rio Bueno: *SuperClubs Golf Club Braco*, Grand Lido Braco Resort, westl. von Discovery Bay, Tel. 876-954-00 00, www.grandlido.com, 9-Loch-Platz mit einigen Herausforderungen.

Runaway Bay: *SuperClubs Golf Club Runaway Bay*, Tel. 876-973-73 19, auf dem 18-Loch-Kurs finden viele internationale Wettkämpfe statt.

Radsport

Auch wenn wegen der häufig rabiaten Autofahrer das Radfahren auf den Straßen Jamaikas mit nervlichen Belastungen einhergeht, sind die Streckenverläufe eigentlich ideal für **Mountainbike**-Touren. *Blue Mountain Bicycle Tours* (Tel. 876-974-70 75) bietet Ausflüge an, bei denen Räder und Fahrer per Bus in die Blue Mountains gebracht werden, man radelt bergab durch das Buff Bay River Valley bis zur Küste. *Negril* bietet mehrere Verleihstationen für Räder und Touren in die Negril Hills, z. B. *Rusty's X-cellent Adventures* (West End Rd., Negril, Tel. 876-957-01 55).

Reiten

Montego Bay: *Rocky Point Riding Stables*, Half Moon Club, Rose Hall, Tel. 876-953-22 86, Reitunterrricht und geführte Ausritte; *Double A Ranch*, Wembley, Rose Hall, Tel. 876-952-62 61, Ausritte über Land und in die Berge.

Rio Bueno: *Braco Stables*, westl. von Discovery Bay, Tel. 876-954-01 85, http://bracostables.com. Ausritte über Land zum Braco Great House.

Cukka Cove: *Chukka Cove Polo Club*, bei St. Ann's Bay (Tel. 876-972-25 06, www.chukkacaribbean.com). Anlage für Springreiten und Polo, Ausflüge in die Berge und zum Strand.

Ocho Rios: *Prospect Plantation*, 5 km östlich, Tel. 876-994-10 58, [s. S. 49]. Malerische Plantagenausritte.

Segeln und Surfen

In Ocho Rios, Montego Bay und Negril kann man surfen und segeln. Zahlreiche Anbieter vermieten Surfbretter und Segelboote an den Stränden und viele Hotels halten sie für ihre Gäste bereit.

Tauchen und Schnorcheln

Küstennahe Korallenriffe, Schiffs- und Flugzeugwracks bieten aufregende Einblicke in die Unterwasserwelt. Zu beachten: Viele Küstengebiete stehen unter Naturschutz. Verboten sind z. B. das Berühren der Korallenriffe sowie das Sammeln von Korallen und Muscheln. *Schnorchelausrüstung* kann man fast überall mieten. Viele große Hotels verfügen über **Tauchschulen** mit internationaler Lizenz z. B. PADI, die organisierte Tauchgänge mit Ausrüstungsverleih anbieten (andere Dive Shops s. Praktische Hinweise im Haupttext). Anfänger müssen vor einem Schnuppertauchgang einen Einführungskurs absolvieren oder melden sich gleich für einen Tauchkurs mit Certification an. Eine einfachere Variante: *Sea Trek* (Tel.

Alle Mann an Bord – der Katamaran an der Pier von Margueritaville in MoBay

876-979-65 99, www.chukkacaribbean.com, s. S. 24) in Montego Bay bietet die Möglichkeit, mit einem Tauchhelm ausgerüstet den Meeresboden zu erkunden.

Tennis

Die meisten Hotels verfügen über eigene Tennisplätze, einige von ihnen können auch von Nicht-Gästen gegen eine Gebühr benutzt werden.

Wandern

Die besten Wanderstrecken bieten die **Blue Mountains**, die durch mehrere Anbieter erschlossen werden, z. B. *Sun Venture Tours* (Tel. 876-960-66 85, www.sunventuretours.com, s. S. 85). Sehr beliebt sind der Trail auf den Catherine's Peak, der nördlich von Newcastle von der B1 abgeht, der lange Marsch auf den Blue Mountain Peak oder der Fairy Glade and Mount Horeb Trail, der beim Gap Café von der B1 abzweigt und durch dichtes Gehölz mit üppig wachsenden wilden Lilien bergaufwärts strebt.

Von *Port Antonio* aus werden ebenfalls Ausflüge angeboten, z. B. von *Valley Hikes* (Tel. 876-993-38 81, valleyhikes@cwj.com, s. S. 63), auf alten Maroon-Pfaden durch die **John Crow Mountains**. Der Weg zu den Scatter Falls etwa führt vom Rio Grande durch Bambushaine und an imposanten alten Baumriesen vorbei. Der White River Falls Trail geht am malerischen White River entlang und durch dichten Regenwald zu sieben Wasserkaskaden.

Im Westen Jamaikas bietet sich das **Cockpit Country** für Wanderungen (*Cockpit Country Adventure Tours*, Tel. 876-610-08 18, www.stea.net, s. S. 37) an. Hier sollte man nicht ohne Führer wandern, da das Terrain riskant ist.

Statistik

Lage: Jamaika gehört zur karibischen Inselgruppe der Großen Antillen. Sie liegt etwa 160 km westlich von Hispaniola und 145 km südlich von Kuba.

Fläche: Die ellipsenförmige Insel hat eine Fläche von 10 991 km². Von Osten nach Westen misst sie 236 km, die Distanz zwischen Nord- und Südküste beträgt maximal 82 km. Eine Reihe winziger Inseln, Cays genannt, sind der 1000 km langen Küste vorgelagert.

Bevölkerung: Auf Jamaika leben etwa 2,7 Mio. Menschen (2006). 91 % sind Schwarze afrikanischer Herkunft bzw. Mulatten, 1,3 % sind Inder, 0,2 % Weiße, 0,2 % Chinesen und 7,3 % Mischlinge.

Religion: 61,3 % der Bevölkerung sind Protestanten, 5 % Katholiken und 5 % Rastafari.

Verwaltung: Die Insel Jamaika ist seit 6. August 1962 eine Parlamentarische Demokratie im British Commonwealth of Nations. Die Königin von England ist, vertreten durch einen Generalgouverneur, nominell auch Staatsoberhaupt von Jamaika. Das Land ist in drei Verwaltungsbezirke, Cornwall, Middlesex und Surrey, geteilt. Diese sind in insgesamt 14 Kreise (Parishes) untergliedert.

Hauptstadt: Kingston ist Regierungssitz und mit 750 000 Einwohnern auch die größte Stadt des Landes.

Wirtschaft: Der Tourismus ist mit 1,7 Mio. Besuchern jährlich der wichtigste Wirtschaftszweig Jamaikas. Er ist für knapp die Hälfte der Deviseneinnahmen verantwortlich und trägt zur Beschäftigung von etwa 300 000 Menschen bei. Leichtindustrie und der Abbau der riesigen Bauxit-Lager im Inneren der Insel erwirtschaften etwa ein Drittel des Bruttosozialprodukts, sind aber weniger arbeitsintensiv. Jamaica ist der drittgrößte Bauxit-Lieferant der Welt. Die Bedeutung der Landwirtschaft für die Beschäftigung ist mit 20 % nach wie vor hoch, doch ihre Produktivität beträgt nur ein Zehntel des Bruttosozialprodukts. Im Export steht Bauxit (48 %) an erster Stelle, gefolgt von Zucker (5 %) und Bananen (2 %). Die Arbeitslosenquote beträgt etwa 10 %, schätzungsweise 20 % der Jamaikaner leben unter der Armutsgrenze.

Touren

Die Ausflugsveranstalter bieten Halb- und Ganztagestrips zu den Sehenswürdigkeiten der Insel und zahllose andere Aktivitäten. Hier eine Auswahl (s. a. *Praktische Hinweise* im Haupttext):

Caribic Vacations, 1310 Providence Drive, Ironshore Estate, bei Montego Bay, Tel. 876-953-98 95, Fax 876-953-98 97, www.caribicvacations.com. Vielfältige Touren und Jeep Trips zu den Sehenswürdigkeiten Jamaikas und Reisen nach Kuba. Hotel-Pauschalangebote.

Chukka Cove Adventure Tours, Tel. 876-972-25 06, www.chukkacaribbean.com. Ausritte, Wanderungen, River Tubing auf großen Gummireifen, Canopy Tours (am Seilzug durch die Wipfel des Regenwaldes), Jeep- und Mountainbike-Touren oder mit dem *Zion Bus* zum Bob Marley Museum in Nine Mile.

Chukka Caribbean Adventures, Freeport Shopping Centre, Montego Bay, Tel. 876-979-65 99, www.chukkacaribbean.com. River Tubing, Jeep oder ATV-Bike Safaris, Canopy Tours und Reitausflüge.

Unterkunft

Zwischen Weihnachten und Ostern herrscht auf Jamaika **Hochsaison**. Die Übernachtungspreise sind dann deutlich höher und viele Unterkünfte sind ausgebucht, daher sollte man unbedingt vorher reservieren.

Auf Jamaika ist die Idee der **All-inclusive-Resorts** entstanden, bei denen der Übernachtungspreis alle Nebenleistungen wie Transfer, Mahlzeiten, Getränke und Sportprogramm einschließt. Doch es geht auch einfacher: **Guesthouses** bieten einfache Zimmer ab ca. 20 US$ an. In schlichteren **Hotels** liegen die Zimmerpreis etwa bei 30–75 US$. Gute Hotels mit etwas Komfort berechnen ab 100 US$. Nach oben sind keine Grenzen gesetzt, die Luxushotels Jamaikas gehören zu den besten (und teuersten) der Welt.

Der Aufentahlt in einer Ferienwohnung oder Villa vermittelt unmittelbarere Jamaika-Erlebnisse. **Jamaica Association of Villas & Apartments (JAVA)** (Tel. 876-974-25 08, Fax 876-974-29 67, www.villasinjamaica.com) hat etwa 300 Objekte im Angebot.

Hochzeit und Honeymoon

Viele Hotels bieten Honeymoon-Pakete und *Hochzeitszeremonien* inklusive Kuchen, Sekt und Blumenbouquet. Zusätzliche Gebühren fallen für die Beantragung des Aufgebotes an. Das Hotel übernimmt diese Formalitäten für das Brautpaar. Benötigt werden *Geburtsurkunde* (beglaubigte Übersetzung) und Reisepass. Detaillierte Auskünfte erteilt auch die Botschaft von Jamaika [s. S. 125]. Wer der Hochzeit von der Stange z. B. eine Zeremonie am Fuße eines Wasserfalls, im Garten einer Strandvilla oder auf der Veranda eines Great Houses vorzieht, kann sich mit einer Agentur in Verbindung setzen, z. B. **Wedding Planner Plus** (Shop 10, Sand Castles, Main Street, Ocho Rios, Tel./Fax 876-974-65 55, www.weddingplannerplus.com). Hochzeitsservice inkl. Formalitäten, Kostümverleih, Catering, Dekoration usw.

Verkehrsmittel im Land

Bus

Jede Stadt verfügt über ein zentrales Bus Terminal für *Minibusse*. Sie verkehren auf Hauptrouten zwischen den Städten, fahren aber auch ins Inselinnere. Über die Fahrtziele geben Fahrer oder Schaffner Auskunft. Bezahlt wird im Gefährt, die Preise sind günstig. Man sollte unter den Minibussen den wählen, der bereits relativ voll besetzt ist und folglich bald abfährt. Ein unvergessliches Erlebnis ist die Fahrt mit einem großen *Country Bus*, der langsam und mit Gepäck beladen ist und überall anhält.

Flugzeug und Hubschrauber

Air Jamaica (Tel. 876-922-34 60, www.airjamaica.com) bietet Flüge z. B. von/nach Kingston, Montego Bay, Ocho Rios, Port Antonio, Negril. Hinzu kommen Flüge zu anderen karibischen Inseln. Auch per Hubschrauber kann man Jamaika erkunden: *Island Hoppers Jamaican Helicopter Tours*, Reynolds Pier, Ocho Rios, Tel. 876-974-12 85, Fax 876 974-64 52, www.jamaicahelicoptertours.com

Mietwagen

Internationale (Hertz, Avis, Budget) und nationale (Island Car Rental, Jamaica Car Rental, United Car Rental) Mietwagenfirmen sind überall vertreten. Für die Hinterlegung der Kaution ist eine Kreditkarte erforderlich. Der Fahrer muss älter als 25 Jahre sein und den Führerschein mindestens ein Jahr besitzen.

Taxi

Die preiswerten *Sammeltaxis* fahren auf festen Routen durch die Städte oder verkehren auf Kurzstrecken zwischen Orten. Ihnen signalisiert man per Handzeichen. Lizensierte *offiziellen Taxis* sind durch das Schild ›PP‹ oder ›PPV‹ (Public Passenger Vehicle) gekennzeichnet. Vor der Fahrt sollte man den Preis klären, die gängigen Tarife erfährt man im Hotel.

Sprachführer

Englisch für die Reise

Das Wichtigste in Kürze

Ja/Nein	*Yes/No*
Bitte/Danke	*Please/Thank you*
In Ordnung./Einverstanden.	*All right./Agreed.*
Entschuldigung!	*Excuse me!*
Wie bitte?	*Pardon?*
Ich verstehe Sie nicht.	*I don't understand you.*
Ich spreche nur wenig Englisch.	*I only speak a little English.*
Können Sie mir bitte helfen?	*Can you help me, please?*
Das gefällt mir/ Das gefällt mir nicht.	*I like that/ I don't like that.*
Ich möchte ...	*I would like ...*
Haben Sie ...?	*Do you have ...?*
Gibt es ...?	*Is there ...?*
Wie viel kostet das?/ Wie teuer ist ...?	*How much is that?*
Kann ich mit Kreditkarte bezahlen?	*Can I pay by credit card?*
Wie viel Uhr ist es?	*What time is it?*
Guten Morgen!	*Good morning!*
Guten Tag!	*Good morning!/ Good afternoon!*
Guten Abend!	*Good evening!*
Gute Nacht!	*Good night!*
Hallo! Grüß Dich!	*Hello!/Hi!*
Wie ist Ihr Name, bitte?	*What's your name, please?*
Mein Name ist ...	*My name is ...*

Zahlen

0	*zero*	20	*twenty*
1	*one*	21	*twenty-one*
2	*two*	22	*twenty-two*
3	*three*	30	*thirty*
4	*four*	40	*forty*
5	*five*	50	*fifty*
6	*six*	60	*sixty*
7	*seven*	70	*seventy*
8	*eight*	80	*eighty*
9	*nine*	90	*ninety*
10	*ten*	100	*a (one) hundred*
11	*eleven*		
12	*twelve*	200	*two hundred*
13	*thirteen*	1 000	*a (one) thousand*
14	*fourteen*		
15	*fifteen*	2 000	*two thousand*
16	*sixteen*	10 000	*ten thousand*
17	*seventeen*	1 000 000	*a million*
18	*eighteen*	½	*a (one) half*
19	*nineteen*	¼	*a (one) quarter*

Ich bin Deutsche(r).	*I am German.*
Ich bin aus Deutschland.	*I come form Germany.*
Wie geht es Ihnen?	*How are you?*
Auf Wiedersehen!	*Good bye!*
Tschüs!	*See you!*
gestern/heute/ morgen	*yesterday/today/ tomorrow*
am Vormittag/ am Nachmittag	*in the morning/ in the afternoon*
am Abend/ in der Nacht	*in the evening/ at night*
um 1 Uhr/ 2 Uhr ...	*at one o'clock/ at two o'clock ...*
um Viertel vor (nach) ...	*at a quarter to (past) ...*
um ... Uhr 30	*at ... thirty*
Minuten/Stunden	*minutes/hours*
Tage/Wochen	*days/weeks*
Monate/Jahre	*months/years*

Wochentage

Montag	*Monday*
Dienstag	*Tuesday*
Mittwoch	*Wednesday*
Donnerstag	*Thursday*
Freitag	*Friday*
Samstag	*Saturday*
Sonntag	*Sunday*

Monate

Januar	*January*
Februar	*February*
März	*March*
April	*April*
Mai	*May*
Juni	*June*
Juli	*July*
August	*August*
September	*September*
Oktober	*October*
November	*November*
Dezember	*December*

Maße

Kilometer	*kilometre*
Meter	*metre*
Zentimeter	*centimetre*
Kilogramm	*kilogramme*
Pfund	*pound*
Gramm	*gramme*
Liter	*litre*

Unterwegs

Nord/Süd/West/ Ost	*north/south/west/ east*
geöffnet/ geschlossen	*open/ closed*
geradeaus/links/ rechts/zurück	*straight on/left/ right/back*
nah/weit	*near/far*
Wie weit ist es?	*How far is it?*
Wo sind die Toiletten?	*Where are the toilets?*
Wo ist die (der) nächste ... Telefonzelle/ Bank/Post/ Polizeistation/ Geldautomat?	*Where is the nearest ... telephone-box/ bank/post office/ police station/ automatic teller?*
Wo ist ... die Bushaltestelle der Flughafen die Anlegstelle?	*Where is the ... bus stop airport pier, please?*
Wo finde ich ein(e, en)? Apotheke/ Bäckerei/ Fotogeschäft/ Kaufhaus/ Lebensmittelgeschäft/ Markt?	*Where can I find a ... pharmacy/ bakery/ photo shop/ department store/ food store/ market?*
Ist das der Weg/ die Straße nach ...?	*Is this the way/ the road to ...?*
Gibt es einen anderen Weg?	*Is there another way?*
Ich möchte mit ... dem (der) Schiff/Fähre/ Flugzeug nach ... fahren.	*I would like to go to ... by ... ship/ferry/ airplane.*
Gilt dieser Preis für Hin- und Rückfahrt?	*Is this the round trip fare?*
Wie lange gilt das Ticket?	*How long will the ticket be valid?*
Wo ist ... das Tourismusbüro/ ein Reisebüro?	*Where is ... the tourist office/ a travel agency?*
Ich benötige eine Hotelunterkunft.	*I need hotel accommodation.*
Wo kann ich mein Gepäck lassen?	*Where can I leave my luggage?*
Ich habe meinen Koffer verloren.	*I lost my suitcase.*

Zoll, Polizei

Ich habe etwas/ nichts zu verzollen.	*I have something/ nothing to declare.*
Nur persönliche Dinge.	*Only personal belongings.*
Hier ist die Kaufbescheinigung.	*Here is the receipt.*
Hier ist mein(e) ... Geld/ Pass/ Personalausweis/ Kfz-Schein/ Versicherungskarte.	*Here is my ... money/ passport/ ID card/ certificate of registration/ car insurance card.*
Ich fahre nach ... und bleibe ... Tage/Wochen.	*I'm going to ... to stay there for ... days/weeks.*
Ich möchte eine Anzeige erstatten.	*I would like to report an incident.*
Man hat mein(e, en)... Geld/ Tasche/ Papiere/ Schlüssel/ Fotoapparat/ Koffer/ Fahrrad gestohlen.	*They stole my ... money/ bag/ papers/ keys/ camera/ suitcase/ bicycle.*
Verständigen Sie bitte das/die Deutsche Konsulat/Botschaft.	*Please contact the German consulate/embassy.*

Freizeit

Ich möchte ein ... Fahrrad/ Motorrad/ Surfbrett/ Mountainbike/ Boot/ Pferd ... mieten.	*I would like to rent a ... bicycle/ motorcycle/ surf board/ mountain bike/ boat/ horse.*
Gibt es ein(en) Freizeitpark/ Freibad/ Golfplatz/ Strand ... in der Nähe?	*Is there a ... theme park/ outdoor swimming pool/ golf course/ beach ... in the area?*
Wann hat ... geöffnet?	*What are the opening hours of ...?*

Bank, Post, Telefon

Ich möchte Geld wechseln.	*I would like to change money.*
Brauchen Sie meinen Ausweis?	*Do you need my passport?*
Wo soll ich unterschreiben?	*Where should I sign?*
Ich möchte eine Telefonverbindung nach ...	*I would like to have a telephone connection with ...*
Wie lautet die Vorwahl für ...?	*What is the area code for ...?*
Wo gibt es ... Telefonkarten/ Briefmarken?	*Where can I get ... phone cards/ stamps?*

Tankstelle

Wo ist die nächste Tankstelle?	*Where is the nearest gas station?*
Ich möchte ... Liter ... Benzin/Diesel.	*I would like ... litres of gas 87 octane/90 octane/diesel.*
Volltanken, bitte.	*Fill it up, please.*
Bitte, prüfen Sie ... den Reifendruck/ den Ölstand/ den Wasserstand/ das Wasser für die Scheibenwischanlage/ die Batterie.	*Please check the ... tire pressure/ oil level/ water level/ water in the windscreen wiper system/ battery.*
Würden Sie bitte ... den Ölwechsel/ den Radwechsel vornehmen/ die Sicherung austauschen/ die Zündkerzen erneuern/ die Zündung nachstellen?	*Would you please ... change the oil/ change the tires/ change the fuse/ replace the spark plugs/ adjust the ignition?*

Panne

Ich habe eine Panne.	*My car's broken down.*
Der Motor startet nicht.	*The engine won't start.*
Ich habe die Schlüssel im Wagen gelassen.	*I left the keys in the car.*
Ich habe kein Benzin/ Diesel.	*I've run out of gas/ diesel.*
Gibt es hier in der Nähe eine Werkstatt?	*Is there a garage nearby?*
Können Sie mein Auto abschleppen?	*Could you tow my car?*
Können Sie mir einen Abschleppwagen schicken?	*Could you send a tow truck?*
Können Sie den Wagen reparieren?	*Could you repair my car?*
Bis wann?	*By when?*

Mietwagen

Ich möchte ein Auto mieten.	*I would like to rent a car.*
Was kostet die Miete ... pro Tag/ pro Woche/ mit unbegrenzter(n) km-Zahl/Meilen mit Kaskoversicherung/ mit Kaution?	*How much is the rent ... per day/ per week/ including unlimited kilometres/miles including comprehensive insurance/ with deposit?*
Wo kann ich den Wagen zurückgeben?	*Where can I return the car?*

Unfall

Hilfe!	*Help!*
Achtung!/Vorsicht!	*Attention!/Caution!*
Rufen Sie bitte schnell ... einen Krankenwagen/ die Polizei/ die Feuerwehr.	*This is an emergency, please call ... an ambulance/ the police/ the fire department.*
Es war (nicht) meine Schuld.	*It was (not) my fault.*
Geben Sie mir bitte Ihren Namen und Ihre Adresse.	*Please give me your name and address.*
Ich brauche die Angaben zu Ihrer Autoversicherung.	*I need the details of your car insurance.*

Krankheit

Können Sie mir einen guten Deutsch sprechenden Arzt/ Zahnarzt empfehlen?	*Can you recommend a good German-speaking doctor/ dentist?*
Wann hat er Sprechstunde?	*What are his office hours?*
Wo ist die nächste Apotheke?	*Where is the nearest pharmacy?*
Ich brauche ein Mittel gegen ... Durchfall/ Halsschmerzen/ Fieber/ Insektenstiche/ Verstopfung/ Zahnschmerzen.	*I need medication for ... diarrhea/ a sore throat/ fever/ insect bites/ constipation/ toothache.*

Hotel

Können Sie mir bitte ein Hotel/eine Pension empfehlen?	*Could you please recommend a hotel/ Bed & Breakfast?*
Ich habe bei Ihnen ein Zimmer reserviert.	*I booked a room with you.*
Haben Sie ein ... Einzel-/Doppelzimmer ... mit Dusche/ Bad/WC? für eine Nacht/ für eine Woche?	*Do you have a ... single/double room ... with shower/ bath/bathroom? for a night/ for a week?*
Was kostet das Zimmer mit Frühstück/ mit zwei Mahlzeiten?	*How much is the room with breakfast/ with two meals?*

Wie lange gibt es Frühstück?	*How long will breakfast be served?*
Ich möchte um ... geweckt werden.	*Please wake me up at ...*
Wie ist hier die Stromspannung?	*What is the power voltage here?*
Ich reise heute abend/ morgen früh ab.	*I will depart tonight/ tomorrow morning.*
Haben Sie ein Faxgerät/ einen Internetzugang/ einen Hotelsafe?	*Do you have a fax machine/ internet access/ a hotel safe?*
Akzeptieren Sie Kreditkarten?	*Do you accept credit cards?*

Restaurant

Wo gibt es ein gutes/ günstiges Restaurant?	*Where is a good/ inexpensive restaurant?*
Die Speisekarte/ Getränkekarte, bitte.	*The menu/ the wine list, please.*
Ich möchte das Tagesgericht/Menü (zu...)	*I like the dish of the day (at ...).*
Welches Gericht können Sie besonders empfehlen?	*Which of the dishes can you recommend?*
Ich möchte nur eine Kleinigkeit essen.	*I only want a snack.*
Gibt es vegetarische Gerichte?	*Are there vegetarian dishes?*
Haben Sie offenen Wein?	*Do you serve wine by the glass?*
Welche alkoholfreien Getränke haben Sie?	*What kind of soft drinks do you have?*
Haben Sie Mineralwasser mit/ ohne Kohlensäure?	*Do you have sparkling water/ noncarbonated water?*
Das Steak bitte ... englisch/medium/ durchgebraten.	*The steak ... rare/medium/ well-done, please.*
Kann ich bitte ... ein Messer/ eine Gabel/ einen Löffel haben?	*May I have ... a knife/ a fork/ a spoon, please?*
Darf man rauchen?	*Is smoking allowed?*
Rechnung/Bezahlen, bitte.	*The bill, please.*

Essen und Trinken

Abendessen	*dinner*
Ananas	*pineapple*
Bier	*beer*
Brot/Brötchen	*bread/rolls*
Brotfrucht	*breadfruit*
Butter	*butter*
Cassava-Fladen	*bammy*
Ei	*egg*
Eier mit Speck	*bacon and eggs*
Eiscreme	*ice-cream*
Essig	*vinegar*
Fisch (gebraten/gegrillt/mariniert)	*fish (fried/grilled/ escoveitched)*
Fleisch (gegrilltes)	*meat (jerk meat)*
Fleischsoße	*gravy*
Frühstück	*breakfast*
Gebäck	*pastries*
Geflügel	*poultry*
Gemüse	*vegetable*
Gurke	*cucumber*
Honig	*honey*
Huhn	*chicken*
Hummer	*lobster*
Kaffee	*coffee*
Kalbfleisch	*veal*
Kartoffeln	*potatoes*
Kartoffelbrei	*mashed potatoes*
Käse	*cheese*
Kochbanane	*plantain*
Kohl	*cabbage*
Kokosnuss (grüne)	*coconut (jelly coconut)*
Kuchen	*cake*
Lachs	*salmon*
Leber	*liver*
Maiskolben	*corn-on-the-cob*
Marmelade	*jam*
Mittagessen	*lunch*
Meeresfrüchte	*seafood*
Meeresschnecke	*conch*
Milch	*milk*
Mineralwasser	*mineral water*
Obst	*fruits*
Öl	*oil*
Pfannkuchen	*pancakes*
Pfeffer	*pepper*
Pilze	*mushrooms*
Pommes frites	*chips/french fries*
Reis mit Bohnen	*rice and peas*
Rindfleisch	*beef*
Rühreier	*scrambled eggs*
Sahne	*cream*
Salat	*salad*
Salz	*salt*
Schinken	*ham*
Schweinefleisch	*pork*
Sekt	*sparkling wine*
Stockfisch	*saltfish*
Suppe	*soup/tea*
Thunfisch	*tuna*
vegetarisches Essen	*Ital food*
Wein (Weiß/Rot/Rosé)	*wine (white/red/rosé)*
Würstchen	*sausages*
Yamswurzel	*yam*
Zucker	*sugar*
Zwiebeln	*onions*
Zicklein in Curry	*curried goat*

ADAC Reiseführer in Top-Qualität. Pro Band 300–600 Sehenswürdigkeiten, 140–180 farbige Abbildungen und rund 40 TOP TIPPS.

Lieferbare Titel:

Ägypten
Algarve
Allgäu
Amsterdam
Andalusien
Australien
Bali & Lombok
Baltikum
Barcelona
Berlin
Bodensee
Brandenburg
Brasilien
Bretagne
Budapest
Bulg. Schwarzmeerküste
Burgund
City Guide Deutschland
City Guide Germany
Costa Brava & Costa Daurada
Côte d'Azur
Dänemark
Dominikanische Republik
Dresden
Dubai, Vereinigte Arabische Emirate, Oman
Elsass
Emilia Romagna
Florenz
Florida
Franz. Atlantikküste
Fuerteventura
Gardasee
Golf von Neapel
Gran Canaria
Hamburg
Harz
Hongkong & Macau
Ibiza & Formentera
Irland
Israel
Istrien & Kvarner Golf
Italienische Adria
Italienische Riviera
Jamaika
Kalifornien
Kanada – Der Osten
Kanada – Der Westen
Karibik
Kenia
Korfu & Ionische Inseln
Kreta
Kuba
Kroatische Küste – Dalmatien
Kykladen
Lanzarote
Leipzig
London
Madeira
Mallorca
Malta
Marokko
Mauritius & Rodrigues
Mecklenburg-Vorpommern
Mexiko
München
Neuengland
Neuseeland
New York
Niederlande
Norwegen
Oberbayern
Österreich
Paris
Peloponnes
Piemont, Lombardei, Valle d'Aosta
Polen
Portugal
Prag
Provence
Rhodos
Rom
Rügen, Hiddensee, Stralsund
Salzburg
Sardinien
Schleswig-Holstein
Schottland
Schwarzwald
Schweden
Schweiz
Sizilien
Spanien
St. Petersburg
Südafrika
Südengland
Südtirol
Sylt
Teneriffa
Tessin
Thailand
Toskana
Türkei – Südküste
Türkei – Westküste
Tunesien
Umbrien
Ungarn
USA – Südstaaten
USA – Südwest
Usedom
Venedig
Venetien & Friaul
Wien
Zypern

ADAC Reiseführer plus kombinieren Top-Reiseführer mit perfekten CityPlänen, Länder-Karten oder UrlaubsKarten. Kompakt und komplett im praktischen Klarsicht-Set!

Lieferbare Titel:

Ägypten
Allgäu
Amsterdam
Andalusien
Baltikum
Barcelona
Berlin
Berlin (engl.)
Bodensee
Brandenburg
Budapest
Côte d'Azur
Dänemark
Deutschland – Die schönsten Autotouren
Dresden
Franz. Atlantikküste
Fuerteventura
Gardasee
Gran Canaria
Hamburg
Harz
Irland
Istrien & Kvarner Golf
Ital. Adria
Ital. Riviera
Korfu/Ionische Inseln
Kreta
Kuba
Kroatische Küste – Dalmatien
Lanzarote 8/2007
Leipzig
London
Mallorca
Mecklenburg-Vorpommern
München
New York
Niederlande 8/2007
Norwegen
Oberbayern
Österreich
Paris
Polen
Portugal
Prag
Rhodos
Rom
Rügen, Hiddensee, Stralsund
Salzburg
Sardinien
Schleswig-Holstein
Schottland 8/2007
Schwarzwald
Schweden
Schweiz
Sizilien
St. Petersburg
Südafrika 8/2007
Südtirol
Sylt
Teneriffa
Toskana
Türkei – Südküste
Türkei – Westküste
Usedom
Venedig
Wien

Weitere Titel in Vorbereitung.

Mehr erleben, besser reisen.

Register

Impressum

Lektorat, Bildredaktion und Aktualisierung: Dagmar Walden
Karten: Computerkartographie Carrle, München
Herstellung: Martina Baur
Druck, Bindung: Firmengruppe APPL, sellier druck, Freising
Printed in Germany

Ansprechpartner für den Anzeigenverkauf: Kommunalverlag GmbH & Co KG, MediaCenterMünchen, Tel. 089/92 80 96-44

ISBN 978-3-89905-460-6

Gedruckt auf chlorfrei gebleichtem Papier

Neu bearbeitete Auflage 2007

Bildnachweis

Umschlag-Vorderseite: Junge Jamaikanerin im Sonnenkostüm beim Kingstoner Karneval. Foto: *Martin Sasse, Hamburg*

Titelseite
Oben: Das Cockpit Country im Nordwesten Jamaikas (Wh. von S. 34/35 unten)
Mitte: Aprilscherze – Straßenkarneval in Kingston (Wh. von S. 71)
Unten: Der berühmte Negril Beach an der Westküste (Wh. von S. 117)

AKG, Berlin: 13, 14 – *Cinetext, Frankfurt:* 122 – *Rainer Hackenberg, Köln:* 7 oben, 8 oben, 9 oben, 19, 24 unten, 29, 30 oben, 34 oben, 34/35 unten, 38 unten, 41 unten, 44 oben, 56 oben, 57, 59, 62 Mitte, 66, 67, 73 oben, 76, 80, 82, 83, 86, 91, 94/95, 96 oben, 98 oben, 99 oben, 100, 103 (2), 107 oben, 109, 110, 111, 114 (2), 115, 119, 120 oben, 123 oben, 124 oben rechts – *Huber, Garmisch-Partenkirchen:* 30 unten (Kornblum), 46 unten links (Schmid), 52 (Kornblum), 108 unten (Schmid) – *Holger Leue, Hannetal:* 10 oben, 49 unten, 61, 62 unten rechts, 68 oben, 77, 108 oben, 112 (2), 118, 120 unten, 124 oben links, 128 – *Martin Sasse, Hamburg:* 6, 6/7 unten, 8 unten, 9 Mitte, 10 Mitte und unten, 11 (2), 15 oben rechts, 16/17, 21 (3), 23, 24/25 oben, 23 unten, 25 unten, 26, 27, 28, 31 (2), 37, 38 oben, 40, 41, 42 oben, 42 unten, 43, 44 unten, 45, 46 oben, 46 unten links, 47, 49 oben, 50, 51, 53 (2), 54 (2), 56 unten, 60, 62 oben (2), 62 unten links, 64, 65, 68 unten, 71, 72, 73 unten, 74 unten, 75, 79, 81 (2), 84 , 85 unten, 87, 88 (2), 89, 92, 93, 95, 96 unten, 98 unten, 99 unten, 101 (2), 105, 106, 107 unten, 116, 117, 121, 123 unten, 124 Mitte und unten links, 129, 130, 132, 133 – *Paul Spierenburg, Hamburg:* 63 – *Martin Thomas, Aachen:* 48, 124 unten rechts – *Ullstein Bilderdienst, Berlin:* 15 oben Mitte links, oben Mitte rechts, oben rechts, 15 unten, 58, 78 – *Dagmar Walden, München:* 33 (2), 74 oben, 85 oben